Nicola Piovani

La musica è pericolosa

Rizzoli

ISBN 978-88-17-07218-2

Prima edizione: gennaio 2014

Redazione e impaginazione: Studio Dispari – Milano

La musica è pericolosa

A Nino e a Tonino

Preludio

Scrivo questo libro perché me l'ha chiesto l'editore.

Ma non solo.

Da tempo avvertivo la voglia di buttar giù, in ordine casuale e sincero, i miei pensieri sui rapporti fra la musica e la civiltà sonora. È un tema che mi accompagna da sempre, e le idee che negli anni mi sono costruito in proposito sono legate a episodi formativi personalissimi, avvenimenti a volte vissuti accanto a grandi artisti, a seguito di incontri memorabili: intendiamoci, memorabili nel senso che sono impressi con inchiostro indelebile nella memoria mia.

Di mestiere faccio il musicista, scrivo partiture, non scrivo libri. Per cui affrontare la stesura di un libro mi ha impaurito un po'. E dunque, nell'accingermi a un'impresa per me inedita, sono andato a chiedere consiglio ad amici che scrivono da anni per professione. Ho raccolto così alcuni suggerimenti che ho sommato a quelli che mi ero dato da me, e ai quali ho cercato di tenere fede. Per esempio: è noto che non è buona creanza iniziare un periodo con la pericolosa parola «io». Ho provato a evitarlo, e ci sono pure riuscito, ma a prezzo di capriole sintattiche e lessicali che mi hanno fatto sudare assai; anche perché non volevo cascare dalla padella dell'«io» nella brace di «il sottoscritto» o del «chi scrive». Che poi, rileggendo, ho avuto la sensazione che forse tutto sarebbe stato più naturale e fluido se qualche volta avessi avuto il coraggio di cominciare la frase con «Io...». Ma era ormai tardi per rimetterci mano. Mi chiedo come sarebbe oggi Nanni Moretti se non avesse iniziato la carriera proprio con il titolo *Io sono un autarchico*. Forse quell'«io» del titolo ancora pesa sul lavoro, ricco di contraddizioni, del nostro grande regista-poeta. Però chissà, magari non è per caso che è andata così.

Un altro suggerimento che mi sono dato è quello di evitare di cadere nella nostalgia, un sentimento che da sempre mi infastidisce: «Com'erano belli i concerti di un tempo...», «Dove lo trovi oggi un Fellini?», «Quando non c'era il montaggio digitale...», «Il meraviglioso profumo del vinile...» e così via. Ma nemmeno questa missione era semplice in un libro in cui parlo inevitabilmente di fatti accaduti nel passato: la commozione dei ricordi è vigliacca, lavora ai fianchi e, se non stai attento, finisci per scrivere come un nostalgico conservatore senza che neppure te ne accorgi. L'amore antico per certi cieli, per certi profumi, per la musicalità di certe voci non è un amore adulto, acquisito, critico. È un amore cromosomico, creaturale, illogico. Fulminante come una cotta, solido come il travertino dei palazzi romani. È amore per le bellezze, ma anche per le bruttezze, che sono fissate nella memoria.

Da bambino, quando prendevo un bel voto, mia madre mi dava un premio. Il premio consisteva in un cioccolato caldo – che si chiamava *squaglio di cioccolato* – con una doppia razione di panna. Era la specialità di una latteria di via La Goletta, una strada sghemba del quartiere Trionfale situata nel mezzo di un popolare mercato del pesce aperto solo di mattina. Nel primo pomeriggio passava un'autobotte che spruzzava sui marciapiedi e sull'asfalto una pioggia di acido fenico, un disinfettante per fogne molto usato negli anni Cinquanta. L'operazione non riusciva a disperdere completamente il tanfo di pesce, che arrivava comunque alle narici. Ma ci arrivava coperto da quello di acido fenico, forse più fetente del puzzo di pesce vecchio. Le strade disinfettate si ammantavano di una luminescente coltre bianca che sfumava in grigio topo verso il centro della carreggiata. Con la mano nella mano di mia madre, camminavo fiero per via La Goletta, fino a raggiungere la gloriosa latteria.

«Uno squaglio con panna abbondante!»

«Ah, è stato bravo allora oggi il ragazzino?» rispondeva la robusta lattaia, e mi serviva l'ambito premio in un bicchiere di vetro, spesso e infrangibile, pieno di panna appena montata e di cioccolato bollente.

Aspettando che si raffreddasse un po', me lo divoravo con gli occhi, mentre fuori della vetrina la strada imbiancata sembrava un paesaggio da favola natalizia, come fosse caduta la neve. Con gli occhi assaporavo il cacao, mentre al naso salivano i miasmi di acido fenico e pesce, ai quali ancor oggi associo l'idea della gioia gratificata: merito di mia madre, naturalmente. Ecco, di qui a rimpiangere i bei tempi delle strade fetenti il passo è breve.

«Fai attenzione agli aneddoti», è il terzo suggerimento che mi sono dato. Nutro una seria diffidenza verso gli aneddoti, perché sono anni che ne sento raccontare tanti, su episodi e personaggi famosi, con particolari, protagonisti e ambientazioni sempre differenti. Eduardo De Filippo è una delle vittime preferite dei raccontatori di aneddoti. Ne ho ascoltati a centinaia su di lui, in buona parte improbabili, bozzettistici, con dettagli ogni volta diversi, con finali diversi, con date, luoghi e significati diversi. Spesso chi li cita sta solo parlando di sé, del primo provino che ha sostenuto con Eduardo e del complimento ricevuto. Qualcuno li usa per santificare la grandezza dell'artista piegandolo alla propria poetica, qualcun altro per riferirne la presunta severità, galanteria, tirchieria, cattiveria; e molti li usano per dire: «Con me aveva un rapporto speciale». L'incipit: «Eravamo a cena insieme...» è dei più diffusi. Nel suo ultimo anno di vita, a Eduardo sono state attribuite ben più di trecentosessantacinque cene, e quante attrici hanno riferito di essere state da lui stesso consacrate come le più adatte al ruolo di Filumena Marturano: «'A vera Filumena si' tu!».

Come vittima degli aneddoti raccontati dopo la dipartita, Federico Fellini non è da meno. Quasi tutti gli interventi commemorativi in suo onore contenevano il sottotesto: «Aveva un debole per me». Bisogna d'altro canto riconoscere che Fellini aveva l'attitudine a far sentire chi lo frequentava *il migliore*: il migliore dei costumisti, il migliore dei musicisti, il migliore degli amici, complice la fantasia bugiarda della sua parlata, dei suoi sguardi intuitivi, dei suoi sorrisi seducenti.

Insomma, mi sono sforzato di tenere l'aneddotica a una certa distanza, ma ci sono riuscito soltanto in parte: a volte una storiella spiega un personaggio, un concetto, una presa di posizione meglio di qualsiasi esposizione teorica.

Un imperativo, però, me lo sono tassativamente imposto: evitare ogni giudizio definitivo, non cedere alla tentazione di dare valore di oggettività alle impressioni, alle sensazioni, alle convinzioni che ho accumulato in anni di pratica nella palestra della musica. E della vita. Spero di essere riuscito a mantenere fede a questo proposito, ma se qualcosa m'è sfuggito, se in qualche passo può risultare l'intenzione di dare un mezzo messaggio, di affermare una categoria assoluta, di stilare pagelle sul prossimo, chiedo a chi legge di non tenerne conto e di scusarmi. Lo so, è una tentazione forte quella di dire: Ravel *è meglio* di Debussy, i Beatles *sono meglio* dei Rolling Stones, l'ascolto dal vivo *è oggettivamente meglio* di quello dal morto. Tali affermazioni per me brillano nella luce dell'evidenza. Ma siccome penso che troppo spesso l'apodittico e il superficiale viaggino a braccetto, in questo libro ho cercato di starne alla larga. Come ho cercato di stare alla larga dalla smania di sistematizzare tutti i miei pensieri, di dare eccessivo ordine al galleggiare delle opinioni, ricordando la folgorante massima di Francis Bacon, quello che per noi liceali si chiamava Francesco

Bacone: «L'uomo inclina naturalmente a supporre l'esistenza nel mondo di più ordine e regolarità di quanta riesca a reperirne, benché in natura vi siano molte cose prive di simmetria». Bisogna accettare l'idea che certe domande metafisiche restino senza risposta. Per esempio: «Cosa fa esattamente un Dj?». Non l'ho mai capito bene.

Avendo una passione dilettantesca per l'enigmistica, la metrica e la prosodia, ho approfittato di questa pubblicazione per corredare ogni capitolo di un *limerick**. L'ho fatto per il gusto del gioco, dedicandoli ai pochi che condividono tali mie ludiche passioncelle.

C'è un'ultima esitazione che ho dovuto vincere prima di congedare il libro. Ogni volta che mi apprestavo a narrare un episodio che è stato importante nella mia vita, mi chiedevo: «Ma perché a qualcuno dovrebbero interessare certe cose?» e venivo accerchiato da una vocina che mi perseguitava come una zanzara. Nel film *I soliti ignoti*, in una scena che si svolge nel carcere, un detenuto, ascoltando il fischio di un treno, viene colto da struggimento nostalgico e dice commosso: «È l'accelerato da Ancona delle 13,45», ma la risposta di un altro detenuto lo spoetizza subito. Ecco, mentre scrivevo frasi del tipo: «Una zia mi regalò tre dischi che mi hanno segnato l'esistenza, due di Beethoven

* Breve componimento in poesia – tipico della lingua inglese – risalente alla fine dell'Ottocento, di contenuto *nonsense*, umoristico o scapigliato. Un *limerick* è composto di cinque versi le cui rime seguono lo schema AABBA: il primo deve sempre enunciare il tema protagonista, i restanti versi sintetizzano l'aneddoto mentre nell'ultimo, con qualche eccezione, viene richiamato il tema protagonista.

e uno di Bach», nelle orecchie mi risuonava spietata la voce di quel detenuto nei *Soliti ignoti*: «E chi se ne frega non ce lo metti?»

Per portare a termine il libro ho dovuto superare anche questa remora, ma non senza perplessità.

I Dj non danno mai del lei
che fanno di preciso non saprei.
Vestiti sempre in modo giovanile
sgriciano la puntina sul vinile.
I Dj dicono spesso: «Occhèi».

La musica è pericolosa

«La musica è pericolosa». Lo diceva Federico Fellini. «Agisce a un livello così profondo e inconscio da diventare pericolosa [...]. È un fatto estremamente misterioso che non so bene con cosa ha a che fare. Ma io avverto sempre nella musica una specie di minaccia, un risucchio pericoloso».

Con queste parole, il 10 gennaio 1979 Fellini esprimeva, nel corso del programma radiofonico *Voi ed io*, il proprio panico nei riguardi della musica, la diffidenza istintiva verso il suo aspetto da lui vissuto come ricattatorio. Tale sentimento gliel'ho sentito manifestare più volte anche in privato: me lo raccontava col suo linguaggio fantasioso e immaginativo, quella parlata con la quale adornava qualunque concetto, pure il più quotidiano, insieme con l'armamentario di aggettivi sorprendenti a cui ricorreva perfino per descrivere la dolcezza delle linguine al tonno che stavamo mangiando.

Fellini esternava con candore la propria debolezza nevrotica verso la musica, risalente a qualcosa che nell'infanzia gli era accaduto – o forse lui era convinto gli fosse accaduto. L'avevano portato ad assistere a una replica di *I cavalieri di Ekebù*, un'opera lirica verista di ambientazione scandinava composta da Riccardo Zandonai. Si era ritrovato in una barcaccia del teatro (una postazione molto vicina alle percussioni), e al fragoroso suono dei timpani le orecchie avevano cominciato a sanguinargli: una memoria da lui stesso raccontata, che va quindi presa con rispettoso riserbo.

Fellini era un uomo sensibile al di là di ogni immaginazione, e non è difficile credere che la musica gli colpisse i nervi scoperti dell'anima: «Fin da ragazzino, mi ha creato una dimensione di profonda malinconia. È qualcosa da cui devo difendermi, a meno che non riguardi il mio lavoro. Se lavoro posso fare di tutto, il lavoro diventa un grande scafandro di protezione, altrimenti la musica mi aggredisce». È vero, poteva fruirne con serenità soltanto se lo faceva a scopo creativo, e non dunque come semplice ascoltatore. E quando mi mettevo al pianoforte per proporgli composizioni nuove da inserire nei suoi film, si sedeva accanto a me e per prima cosa mi chiedeva di suonare pezzi di repertorio, canzonette del passato, musiche di Nino Rota o brani che avevo scritto io per il teatro. Approfittava dell'alibi del lavoro per lasciarsi andare all'ascolto musicale senza soccombere, perché, come diceva: «Stiamo lavorando, no?». O anche, ironizzando sulla felice e facile bellezza del nostro sgobbare: «Stamo a butta' 'l sangue!»

Una volta, alla fine di una seduta di lavoro nel mio studio (mi viene naturale il termine «seduta», decisamente psicoanalitico), dopo aver canticchiato insieme con me e con il mio pianoforte una decina di canzonette, arie d'opera e improvvisazioni melodiche, si alzò e disse: «Bene, siamo sulla buona strada, ci vediamo domani». Raggiunse l'ingresso per infilare il soprabito, mentre io, rimasto al piano, avevo preso ad accennare un motivetto di Rota. Fellini si soffermò, tornò indietro, richiamato da quella musica, e chiese: «Cos'è?».

«Federi', è la strofa di *Amarcord*».

Ci fu un silenzio. Mi accorsi che dietro le lenti aveva gli occhi umidi, poi li asciugò con imbarazzo. Non gli domandai il perché di una simile reazione, ma la risposta la sapevo: per quel giorno avevamo finito e, senza lo scafandro protettivo del lavoro, Fellini era precipitato di nuovo nella sua fragile vulnerabilità verso la musica. Doveva esserci però anche qualcosa di più, e che cosa fosse quel qualcosa l'avrei compreso solo tempo dopo.

La terza parte del film *Ginger e Fred* è ambientata nello studio televisivo dove si svolge lo show natalizio *Ed ecco a voi...*, durante il quale un'orchestra suona quasi ininterrottamente. Per le musiche che l'orchestra avrebbe eseguito serviva innanzitutto il cosiddetto pot-pourri: così, fino agli anni Settanta, si usava definire una *fantasia* di brani più o meno noti uniti in sequenza, senza interruzioni, legando in genere i refrain più riconoscibili; ciò che oggi, con termine inglese, viene detto *medley*. Il pot-pourri che avrei dovuto preparare era basato sul repertorio di Fred Astaire e Ginger Rogers – perlopiù composizioni di Irving Berlin – su cui avrebbero danzato i protagonisti, Amelia e Pippo, in arte Ginger e Fred, interpretati da Giulietta Masina e Marcello Mastroianni. Nella prima parte del film, Amelia consegna all'annoiato direttore d'orchestra della trasmissione alcuni fogli che lei custodisce gelosamente: sono la partitura di un pot-pourri «di famosi motivi americani che il maestro Frustini ha arrangiato esclusivamente per noi», dice con orgoglio. Ora io dovevo figurarmi come poteva essere un arrangiamento dell'immaginario maestro Frustini, che era di certo uno di quegli esperti musicisti del varietà che si muovevano nell'ombra della buca d'orchestra, una buca dove si guadagnavano da vivere artisti falliti, semidilettanti, poeti cialtroni, grandi talenti mai sbocciati, ribaldi orecchianti. Ma dovevo anche figurarmi che cosa sarebbe diventato l'arrangiamento per pochi strumenti del povero Frustini una volta trascritto da un ricco maestro televisivo, il quale ne avrebbe ampliato a dismisura l'organico raddoppiando le singole parti strumentali, scrivendo con l'inevitabile frettolosità richiesta dai tempi veloci della televisione. Orchestrare il pot-pourri per Amelia e Pippo era una di quelle belle sfide artigianali che ogni tanto capitano a chi lavora nel cinema; una sfida che richiede attenzione, competenza e, come dicevano appunto i vecchi artigiani, amore per l'articolo. Ma, come insegnava Fellini, quell'esercizio da arrangiatore richiedeva pure un amore sincero verso i due teneri protagonisti: se avessi lavorato bene, la mia musica avrebbe aiutato la sequenza del balletto, avrebbe narrato qualcosa in più dei due anziani danzatori, qualcosa che né le immagini né le parole avrebbero potuto raccontare. Mi ci dedicai con scrupolo e consegnai la partitura con grande anticipo, per dare modo agli attori di studiare insieme con il coreografo Tony Ventura.

Oltre al pot-pourri, che riguardava il momento dell'esibizione di Ginger e Fred, l'orchestra dello studio televisivo doveva suonare i brani che avrebbero accompagnato l'intero programma. La sceneggiatura scritta da Fellini con Tonino Guerra e Tullio Pinelli era tutt'altro che dettagliata: era piuttosto una serie di appunti sommari, necessari come promemoria all'invenzione del regista sul set. Decisi perciò, per precauzione, di preparare diversi moduli musicali di diversi stili, piccole partiture da usare alla bisogna, durante le riprese.

Nel Teatro 5 di Cinecittà avevamo fatto piazzare, dietro la gigantesca cinepresa Mitchell, un pianoforte verticale; un microfono all'interno ne diffondeva il suono per tutto il set. Io ero seduto al piano, accanto a Fellini che mi chiedeva: «Come fa quella musica languida che m'hai fatto sentire ieri?». Oppure diceva: «Prova quell'altra più brillante». Poi dava il via e mi guidava nell'esecuzione con le mani e con lo sguardo. L'orchestra, che mi ascoltava, mimava come poteva i gesti suggeriti dalle note che risuonavano nello studio.

Per preparare i moduli e decidere che tipo di musica servisse, Fellini e io ci vedemmo un po' di volte a casa mia. Abitavo a Roma in piazza Madama, in un appartamento in affitto che mi era stato ceduto da Vincenzo Cerami. Un posto magnifico, bello e spazioso: finestre che affacciavano sulla miracolosa piazza Navona, fitto bloccato, terzo piano, niente ascensore (ma questo non era un disagio per le mie giovani gambe). L'unico inconveniente era che al secondo piano viveva una vecchietta, paranoica e molto aggressiva, che usava coprire di insulti tutti quelli che salivano da me, specie le ragazze. L'anziana arpia, che qui chiamerò signora Melotti, se ne stava appostata dietro la porta del suo buio alloggio, pronta a balzare sui visitatori che sentiva giungere lungo le scale per coprirli di ingiurie moralistiche, scongiuri da Sodoma e Gomorra. Ricordo più di un episodio imbarazzante, del quale mi sono poi dovuto scusare con gli amici che venivano a trovarmi. Quel giorno era la prima volta che ospitavo Fellini, ed ero un po' preoccupato: non avevo confidenza con il maestro, volevo fare bella figura, e un'aggressione della Melotti non mi sembrava certo un buon inizio.

Alle quattro del pomeriggio, squilla il citofono: l'apparecchio, però, non aveva interfono, non si poteva parlare con chi stava di sotto, si poteva solo aprire il portoncino. Apro, e mi metto ad aspettare Federico Fellini. Ma non compare nessuno. Avrà suonato qualche passante burlone in vena di scherzi, penso. Dopo un quarticello d'ora, comincio a preoccuparmi; Fellini aveva fama di essere puntualissimo: perché non arrivava? Esco sul pianerottolo, sento un brusio di voci basse per le scale, scendo, mi fermo davanti alla porta socchiusa della vecchia arpia. Sbircio dentro e vedo Fellini seduto nel salotto della Melotti, mentre beve una bibita conversando con la megera diventata gentilissima; vedo lei che chiacchiera, lui che ascolta con grande interesse, e intanto scruta quella casa museale, piena di ninnoli e orpelli, con sorridente stupore.

«Federico, ti aspetto su?» domando.

«Arrivo subito».

Quando di lì a poco Fellini entrò in casa mia, l'osservai con emozione e curiosità, attento ai dettagli. Notai che aveva un trench chiaro identico al mio, particolare che mi piacque tanto. Ero emozionato, sì, ma anche ben preparato e concentrato sull'evento.

È mia abitudine prendere appunti su un quaderno mentre con un regista parlo della colonna sonora che andiamo a preparare. Lo faccio per orientarmi sulla direzione da seguire l'indomani, una volta che sarò da solo davanti alla tastiera del pianoforte e a un foglio pentagrammato, con la testa che cerca idee, la matita in mano e la gomma per cancellare lì accanto.

Il primo quesito che posi a Fellini riguardava la musica «oggettiva» e quella «soggettiva». Per intendersi sui termini, se in un film un personaggio accende una radio, la musica che lo spettatore dovrà sentire è quella che, nella finzione, esce realisticamente da quella radio; quindi la musica dovrà avere una sua oggettività, essere verosimile, compatibile col racconto. Se in una sequenza si vede una banda di paese un po' sgangherata, la musica che dovremo ascoltare non potrà essere né troppo impegnativa né troppo ricercata, e neanche troppo intonata. Se siamo in un varietà televisivo di quelli dove impera il cattivo gusto, l'orchestra non potrà suonare sullo stile del *Parsifal*, e così via. Questi interventi li chiamiamo di musica «oggettiva».

Altro discorso è la musica di commento, quella definita «soggettiva», che non arriva da nessun luogo realistico, che è come un pensiero che sta dietro e sopra la cinepresa, un discorso musicale che dà forza – o almeno ci prova – all'aspetto inconscio di ciò che vediamo. Una musica la cui presenza sonora non deve avere nessuna verosimiglianza: se vediamo Clint Eastwood avanzare a dorso di mulo in *Per un pugno di dollari*, non ci chiediamo da dove vengano i suoni delle percussioni, delle chitarre elettriche, dello scacciapensieri, di quel fischio geniale, del coro maschile. Quando in *Amarcord*, di notte, sul mare, si aspetta il passaggio del transatlantico *Rex*, sulle barche che sono ad attenderlo c'è anche un fisarmonicista, e noi udiamo il canto della fisarmonica. Ma quando poi il *Rex*, gigantesco, passa sullo schermo, non ci domandiamo da dove venga realmente il suono degli archi che dispiegano lo struggente tema di Nino Rota. È il gioco della finzione musicale cinematografica. Dalla musica «soggettiva» di commento si dipanano le emozioni non verbalizzabili, quelle che il regista, vero autore del film, vuole veicolare attraverso l'opera dell'autore delle musiche. Dalla sintonia che si innesca fra autore e collaboratore dipende gran parte della riuscita del lavoro.

Purtroppo non tutti i registi hanno un buon rapporto con questa fase dell'edizione del film. Alcuni si sentono derubati del ruolo di autore unico, qualcuno ci resta male se un giornale loda troppo le musiche, altri hanno il rimpianto di non sapersele scrivere da soli, altri ancora in sala di registrazione provano a prevaricare goffamente il musicista, oppure hanno il costante timore che la musica risulti invadente. C'è invece chi ama servirsi del repertorio e riempie il film di canzonette, arie d'opera, celebri brani sinfonici o – fatalmente – prima o dopo fa ricorso all'Allegretto della *Settima sinfonia* di Beethoven. Dall'adolescenza, cioè dacché sono divenuto spettatore, ho visto decine di opere teatrali e cinematografiche con quel magnifico Allegretto, che non passa mai di moda. In certi casi, costruendo colonne musicali con i dischi, si sono raggiunti risultati eccellenti: Dino Risi amava condire i film con canzonette, magari di basso livello; e proprio in virtù di ciò, usate come controcanto della scena.

Questo però è un tema delicato. Non è detto che non si possano far quadrare il ritmo e il tono di una scena con una canzone o un brano strumentale classico. Ma è un lavoro molto difficile e, come è noto, non tutti sono Kubrick. Nel lungo cammino del mio mestiere, ho avuto quasi sempre la fortuna di collaborare con registi che avevano un rapporto buono con la colonna sonora, alcuni competenti e appassionati di musica di qualità, come Paolo e Vittorio Taviani. Ci sono miei colleghi che hanno vissuto e vivono il lavoro di *musicista da film* con frustrazione, per il fatto di non sentirsi totalmente liberi nello scrivere come succede ai compositori *puri*.

La prima obiezione che mi viene è che scrivere per il cinema non vieta di scrivere musica per la sala da concerto. Alcuni, come Nino Rota e Ennio Morricone, hanno coltivato i due campi con eguale attenzione. Per musicare un giallo o una serie televisiva, è necessario adeguarsi al bisogno di quel racconto, di quelle convenzioni, delle invenzioni di quel regista; ma ciò non impedisce di comporre parallelamente per conto proprio un quartetto d'archi o una sinfonia. Lo so, un conto è scrivere e un conto è farsi eseguire un brano, ma questo è un altro discorso. Non è di sicuro il cinema a impedire il successo delle composizioni *pure* dei suoi musicisti, anzi, a volte il musicista si giova della popolarità cinematografica per far eseguire una propria opera sinfonica o da camera. A me è capitato.

Torniamo a *Ginger e Fred*, alla seduta nella mia casa di piazza Madama e al quaderno su cui trascrivevo le indicazioni del regista. La prima questione che posi a Fellini era, appunto, se l'oggettività della musica che l'orchestra avrebbe suonato dovesse essere assoluta; o se invece potesse, a tratti, assumere toni di commento soggettivo, magari ironico. Ma lì imparai che per Federico Fellini il confine fra oggettività e soggettività non era così netto come per me. Mi disse, più o meno: «L'orchestra dovrebbe suonare qualcosa di simile alle musiche banali che in genere accompagnano questo tipo di show televisivi». E io annotai sul quaderno il primo aggettivo sulle musiche che andavo a comporre: *banale*. «Hai presente quelle musiche gaglioffe, che alludono a un'allegria un po' falsa e un po' insulsa…» e io annotai *falsa* e *insulsa* «quelle musiche che danno un malinconico senso del vuoto per la loro ripetitività…» e io annotai *ripetitiva* «e che raccontano praticamente solo la noia pomeridiana domenicale dei finti sorrisi con la loro melensa vacuità…» e io annotai *noiosa* e *melensa* «con un'orchestrazione magniloquente e inutile?»

Andammo poi avanti a lungo a strimpellare musiche, e lui domandava con un sorriso: «Come fa *In un mercato persiano*?», una suggestiva danza di Albert Ketèlbey, celebre negli anni Venti, che gli piaceva tanto e gli ricordava chissà quali passioni adolescenziali. Oppure chiedeva che gli suonassi *Luna rossa* o l'immancabile *Abat-jour*.

A un certo punto Fellini disse: «Devo andare, ci rivediamo quando hai qualcosa da farmi sentire», e s'avviò verso l'uscita. Stavo rileggendo gli appunti sul quaderno – musica *banale*, *falsa*, *insulsa*, *noiosa*, *inutile*, *magniloquente*… – quando lui era tornato indietro e, abbracciandomi con allegria, mi aveva sussurrato all'orecchio:

«Oh, mi raccomando, fammela bella la musica». E poi se n'era andato, indossando il mio trench che aveva scambiato con il proprio nel prenderlo dall'attaccapanni.

Restai in silenzio a riflettere. Ora avevo un altro aggettivo da aggiungere sul quaderno: *bella*.

Stare accanto a Fellini era impegnativo e giocoso insieme, e spesso mi regalava schegge di stupore formativo. Una sera d'autunno a mezza luce, concluso a Cinecittà il missaggio del film *Intervista*, salimmo nella mia macchina per rientrare a casa. Lasciata la via Tuscolana, giungemmo sotto gli archi dell'Acquedotto Felice.

«Facciamo una bella scorciatoia» disse Fellini. «Me l'hanno insegnata ieri. Gira qui.»

I navigatori satellitari non esistevano ancora, così ci inoltrammo per strade ignote, poco asfaltate e poco rassicuranti.

«Gira qui...» insisteva lui. «No, gira lì... Torniamo indietro... Era la prima traversa, non la seconda...»

Finimmo in mezzo alla campagna, a breve distanza da un campo nomadi. Intorno, case abusive senza intonaco e una selva di antenne televisive, copertoni e carcasse di auto bruciate. La paura mi assalì, come sempre quando mi succede di perdermi – e mi succede spesso. Ma Fellini cominciò ad ammaliarmi con la sua voce melodiosa.

«Guarda, guarda che roba... Dentro Roma, che paesaggio spettrale e che incanto» e mi fece notare la luna tonda che si stava alzando sui panni stesi.

«Va bene, Federi', ma adesso vediamo di trovare la strada di casa.»

Fellini mi invitò a stare calmo, e soprattutto a *guardare*. Non senza difficoltà, ritrovammo la rassicurante Tuscolana.

La sera dopo, stessa situazione. Arrivati all'Acquedotto Felice:

«Guarda, Nicoli', che stavolta la scorciatoia me la sono fatta spiegare bene.»

«E se ci perdiamo di nuovo?»

«Speriamo!» rispose lui spiazzante, insegnandomi qualcosa di prezioso che mi è rimasto in fondo all'anima.

Ci misi un po' a capire che, con Fellini, il lavoro musicale che sembrava teoricamente contraddittorio non lo era più dentro il suo cinema. Il confine labile fra reale e immaginato coinvolgeva anche i suoni dell'orchestra della tivù in *Ginger e Fred*, la quale mimava la musica che noi suggerivamo da un modesto pianoforte verticale.

Nel leggendario Teatro 5 di Cinecittà, la scenografia piena di specchi raffigurava un lussuoso studio televisivo. L'orchestra fatta di comparse in smoking lustrinati aspettava, con gli strumenti in mano, il momento di girare. Marcello Mastroianni, in frac, su una sedia, approfittava della pausa per fumare. Aveva disseminato il set di pacchetti di sigarette: uno sul banchetto del fonico, uno vicino alla sartoria, uno dietro una quinta. Uno l'aveva addirittura infilato dentro il mio pianoforte, dimodoché, quando Fellini gridava: «Stop!», lui era pronto a fumare velocemente una sigaretta, in qualunque punto del teatro si trovasse. Non poteva stare troppo a lungo a respirare solo ossigeno. Mi aveva raccontato della volta che, andato in ospedale a far visita a un amico affetto da un grave enfisema, si era ritrovato in un reparto di enfisematosi che risuonava dei loro penosi soffi a mantice, tanto che il fragile Mastroianni fu colto da una forte angoscia: «Dovetti scappare dalla corsia, correre in terrazza e accendermi rapidamente una sigaretta per calmarmi». Nel film *Intervista*, un massaggiatore cinese gli impone le mani sul petto, promettendogli di farlo smettere di fumare. E lui lo minaccia: «Se ci riesci, ti denuncio!».

Le pause fra un ciak e l'altro talora erano eterne, perché Fellini si fermava a riflettere, a escogitare la soluzione artistica dell'inquadratura, e nello studio scendeva un gran silenzio, tutti si muovevano con cautela per non far rumore, per non disturbare il maestro che cercava ispirazione. In uno di questi intervalli, Mastroianni mi si avvicinò proponendomi di canticchiare qualcosa: «Ma facciamo piano,» mi disse «non disturbiamo Federico, ché sta scrivendo».

Presi a suonare sommessamente *Ciao, Rudy*, che da ragazzo avevo sentito cantare proprio da lui, al Teatro Sistina. Mastroianni imboccò subito e, conclusa quella, passammo a *Quattro palmi di terra in California*, poi a *Caminito*, e infine ai classici napoletani. Si era avvicinato qualche tecnico, la sarta, l'amministratore... Intorno al pianoforte si era formato un capannello, e ognuno, come poteva, si aggregava al coro. Mastroianni era preoccupato del chiasso e ci incitava a stare giù col volume: temeva di irritare il maestro. Ma il volume invece continuava a salire e, a un certo punto: «Eccolo,» disse Marcello «arriva».

Fellini si era alzato di scatto dalla sedia e veniva deciso verso di noi. Eravamo pronti a farci rimproverare aspramente per aver disturbato il suo delicato lavoro.

«Lo sapevo io,» bofonchiò a mezza bocca Mastroianni «ha ragione, abbiamo fatto troppo casino...»

Fellini salì i due gradoni della pedana su cui era piazzato il pianoforte e, fissandoci con fermezza, disse: «La sapete *Coimbra*?».

Sollevato, attaccai subito il refrain della magnifica canzone portoghese di Raul Ferrão, cavallo di battaglia di Amália Rodrigues, un'aria in tonalità maggiore di un'immediatezza comunicativa sorprendente. Ma quando poi passai a suonare la strofa, in minore, con le sue seducenti discese cromatiche, vidi ancora una volta Fellini molto scosso dalla musica. Di nuovo gli occhi lustri. Lì capii che, più di tutte le *Abat-jour* e le *Marcette dei gladiatori*, era quella la canzone chiave della sua fragilità, la ferita emotiva dell'infanzia: mi accorsi, infatti, che la strofa del tema di *Amarcord* è costruita sull'identico giro armonico di *Coimbra*, e collegai l'episodio del Teatro 5 a quello avvenuto nel mio studio, quando, tutt'altro che per combinazione, Fellini si era commosso sotto l'influenza della stessa frequenza cromatica. Nei semitoni discendenti di quella strofa dolente c'è la radice di tutto ciò che, nell'espansione inventiva e geniale di Nino Rota, sarebbe divenuto il luminescente mondo musicale che ancora oggi ci stupisce e ci euforizza, l'universo fatto di marcette, cromatismi e lampi melodici che chiamiamo, con un aggettivo inequivocabile, *felliniano*.

La musica ha molteplici magie
canzoni, trii, quartetti, sinfonie
mottetti, rapsodie, grand-operà
rondò, preludi, fughe e cha cha cha.
La musica ne ha tante di magie.

Lesaphon Perla

Tanti e diversi sono i modi di frequentare la musica, tante e diverse sono le ragioni che ci inducono a frequentarla. Durante l'adolescenza, quando ho cominciato a interessarmi e appassionarmi di quello che a grandi linee chiamiamo cultura, ho preso a relazionarmi con la musica attraverso l'ascolto cosiddetto *puro*. In casa un giorno erano arrivati tre vinili a 33 giri: erano il regalo marziano di una zia venuta a farci visita, la quale, avendo saputo che studiavo pianoforte, mi portò in dono quei tre dischi – preziosi e astronautici – incisi in microsolco, forse comprati frettolosamente.

Li ho ancora ben impressi in testa: due sonate di Beethoven eseguite da Wilhelm Backhaus – copertina beige con disegno che accennava la faccia di Beethoven (o di Backhaus, mi è rimasto il dubbio); altre due sonate di Beethoven eseguite da Solomon, fra queste la paradisiaca opera 111 – copertina azzurro forte; infine un Lp allora fresco di stampa: le *Variazioni Goldberg* di Bach, eseguite al pianoforte da Glenn Gould. Qui la copertina si presentava strana ai miei occhi infantili: un artista grafico, molto creativo per l'epoca, aveva allineato numerosi scatti fotografici che riprendevano il grande pianista, e ne aveva ricavato un collage di tanti piccoli fotogrammi in fila, tutti giallo ocra. Solo da adulto ho capito di che cosa si trattava; per anni li avevo guardati come guardavo le impiallacciature dell'armadio dei miei genitori: disegni astratti e simmetrici che, a fissarli a lungo, assumevano la forma di facce di tigri, di mostri indefinibili, di montagne scoscese, come un caleidoscopio monocromatico.

La musica che si ascoltava nella mia casa paterna – e soprattutto materna – usciva dalla radio ed era rigorosamente *leggera*: Claudio Villa, Nilla Pizzi, Domenico Modugno... le passioni di mia madre; papà non c'era mai di giorno. Le mie orecchie erano abituate a quel repertorio di canzoni che spesso avevano ben poco di leggero, zeppe com'erano di acque amare, viali d'autunno, buongiorno tristezza, addio per sempre... Ce n'era una di gran successo, intitolata *...e la barca tornò sola*, un brano del talentuoso Mario Ruccione cantato da Gino Latilla e Franco Ricci. Parlava del naufragio di una barca, la quale tornava a riva da sola perché i tre fratelli pescatori che la occupavano, nel tentativo di salvare una «incognita straniera», erano affogati nel mare tempestoso che «urlava cupo quella sera». Anche questa canzone veniva classificata come musica *leggera*, aggettivo quanto mai fuori luogo, visti i brutti incubi che mi provocava quando andavo a dormire. Qualche tempo dopo, però, il geniale Renato Carosone ne incise una spassosa parodia. Ricordo l'incipit, in cui una voce liricamente appassionata cantava: «E la barca tornò sola. Sola, sola», seguita da un coretto goliardico che chiosava: «E a me che me ne 'mporta, e a me che me ne 'mporta». Un'invenzione irriverente che aveva avuto il potere di mitigare il mio infantile panico notturno e di farmi addormentare sorridendo. Quella sì che si poteva chiamare musica leggera.

Insomma, da quel repertorio di tintarelle di luna, pericoli numero uno e casette in Canadà, a dodici anni passai di colpo all'ascolto della *Waldstein* di Beethoven. Questo salto brusco avrebbe potuto anche segnare un trauma insuperabile e definitivo per la mia vita musicale futura, ma per fortuna le cose andarono in maniera imprevedibilmente opposta.

I mesi successivi all'arrivo in casa dei tre Lp portati in dono dalla zia li passai ad ascoltare, e ri-ascoltare, e ri-ri-ascoltare quelle sublimi composizioni che mi hanno cambiato la vita, squarciando panorami impensabili grazie ai quali ho capito cos'è un vero brivido artistico. Trascorrevo le ore a consumare i vinili della zia insieme con Nino, il mio fratello *mezzano*: canticchiavamo linee musicali complesse e sorprendenti, sovrapponendoci al suono frusciante di quei dischi che ormai scrocchiavano in modo inquietante. Mio fratello Tonino, il maggiore, dieci anni più di me, per andare alle feste da ballo aveva comprato una fonovaligia Lesaphon Perla, invidiata da tutti gli amici: una specie di valigia che nel coperchio aveva inserito un altoparlante, e nella base un giradischi. Erano apparecchi di enorme successo, perché sostituivano i pesanti e intrasportabili grammofoni animando le feste dei liceali con cha cha cha, twist e ballo del mattone.

Umberto Eco mi ha raccontato che, quando lui era studente universitario, alcuni professori intellettuali, un po' per darsi un tono e un po' forse per celia, ballavano sui dischi dei *Concerti brandeburghesi* di Bach, cosa tecnicamente possibile perché sono musiche isoritmiche, mentre sarebbe impossibile farlo sui brani *in tempo rubato* di Chopin. Tonino, invece, ballava sulla musica dei Platters e di Paul Anka, il sabato andava alle feste e si portava via la mitica Lesaphon Perla; ma per il resto della settimana la usavo io, per narcotizzarmi con l'ascolto delle *Variazioni Goldberg*. Fu l'esperienza che marcò una buona parte del mio cammino spirituale; di tutte le attività musicali che avrei svolto in seguito – pianista, artista di balera e piano bar, compositore, arrangiatore, direttore d'orchestra – una soltanto sarebbe rimasta la dominante: quella di ascoltatore. Esercizio che professo con scrupolosa attenzione, che si tratti di Alfred Schnittke o di Yael Naim.

Mi torna alla memoria, con un po' di vaghezza, una striscia di Charles Schulz dove il piccolo Schroeder, pianista e appassionato di musica classica, mostra fiero il suo ultimo acquisto: un disco con una sinfonia di Beethoven. La grezza corteggiatrice Lucy gli chiede: «E ora cosa farai con questo disco?».

E lui: «Lo ascolterò».

«Ma ci canterai sopra?»

«No» risponde Schroeder.

«Ci ballerai...»

«No.»

«Ma... allora cosa ci farai?»

«Lo ascolterò» insiste l'altro.

«E BASTA?!» esplode Lucy, disgustata.

Mi piacque molto questa striscia, perché mi era capitato spesso di sentirmi isolato per il fatto di passare ore ad ascoltare E BASTA. Se però lo facevo leggendo contemporaneamente la partitura del pezzo, magari con la matita in pugno, tutti lo trovavano meno strano: stavo studiando, quindi stavo facendo qualcosa di concreto, non inutile come l'ascolto puro.

Ma l'ascolto puro, quello che piaceva e piace tuttora a me, è solo uno dei tanti e differenti modi per frequentare la musica, e neanche il più diffuso. Quando io usavo la Lesaphon Perla per sprofondare nelle *Variazioni Goldberg*, mio fratello adoperava la stessa fonovaligia per intrecciare flirt alle feste. Frequentiamo la musica in tanti e disparati modi: la frequenta chi, in spiaggia, davanti ai tanto decantati falò, accompagna con la chitarra socializzanti coretti; chi, rispondendo al prete in chiesa, intona una seconda minore ascendente per dare maestà al proprio amen; chi si sballa e stona nelle nottate da carnevale sudamericano con samba e milonga, o nei rave party con techno e sostanze chimiche; chi, allo stadio, grida il nome di Francesco Totti intonandolo con un intervallo di terza minore discendente, poi quarta ascendente, poi seconda discendente; chi, nella pace di un monastero, medita ascoltando un coro maschile, monodico e monotono, traendone balsamo spirituale; chi, in un concerto rock, nel fragore di suoni e rumori, fra milioni di decibel, intuisce e riconosce la canzone che tanto lo commuove; chi, nella ritualità della taranta, si sbatte al ritmo ripetitivo delle tammorre; chi si lascia sedurre da una frasetta banale ma ficcante che pubblicizza una bibita in uno spot; chi canta in un rito funebre; chi svolge un lavoro manuale fischiettando un motivetto al ritmo delle martellate; chi fa ricorso alla musica registrata nel tentativo di risvegliare un paziente dal coma profondo. Ma la frequenta anche il Dj che incrocia pezzi e crea con musiche non proprie; lo zampognaro che a dicembre, in costume pastorale, fende la metropoli e con le quinte vuote che intona – o stona – con la cornamusa ci ricorda che «*mo' vene Natale*»; la mamma che soffia a mezza voce una ninna nanna per addormentare il pupo...

Tanti sono i modi di frequentare la musica, e mi rendo conto che una grandissima parte delle musiche che ascolto con attenzione silenziosa è stata concepita all'origine per espletare una *funzione*. Ma il moderno concerto pubblico, e ancor più l'ascolto discografico, spesso propone quelle musiche fuori della funzione per cui sono state scritte. Sono convinto che, senza un'adesione religiosa collettiva, la *Passione secondo Matteo* di Bach sarebbe nata con un'altra luce. E infatti, non sono il solo ad annoiarmi un po' quando viene eseguita integralmente nelle sale laiche: accanto a momenti esaltanti, ci sono zone che mi spingono a guardare l'orologio. Diversi capolavori del jazz delle origini sono nati dentro locali poco perbene, poco silenziosi e poco rispettosi della forma artistica, per un uditorio che familiarizzava con superalcolici e stupefacenti e si distraeva con le donnine lavoratrici del locale: insomma, una platea non del tutto concentrata nell'ascolto. Per questo parecchi di quei brani, nati nei bordelli, mostrano il fianco se riproposti nelle sale accademiche, nello stesso silenzio assoluto di quando si ascolta Bruckner.

Da studenti giudicavamo con disagio la *Tafelmusik**, la musica da tavola che Georg Philipp Telemann componeva per i pranzi di corte. Si diceva: «Pensa, le parti della suite dovevano adeguarsi alle portate che il cuoco aveva preparato: che vergogna!». Noi giovani cresciuti col mito dell'artista ottocentesco che lavora in solitudine ispirandosi alla luna, al suo intimo, all'amata ideale, ai valori morali e politici; noi che avevamo in mente Beethoven, sdegnato, che straccia la dedica a Napoleone della *Terza sinfonia*, soffrivamo nel considerare che un artista come Telemann dovesse appuntarsi le pietanze del pranzo degli aristocratici per scrivere musiche adeguate al *foie gras* o alla pernice in crosta. Ci faceva impressione, proprio come aristocraticamente ci disturba osservare il musicista di piano bar che, a notte fonda, si vede sbattuta sul pianoforte una banconota di grosso taglio

* L'espressione «musica da tavola» – più nota nella versione tedesca (*Tafelmusik*) e in quella francese (*musique de table*) – designa, soprattutto fra i secoli XVI e XVIII, il variegato repertorio di musiche composte per essere eseguite durante un banchetto, come sottofondo, negli intervalli tra i servizi o in occasione di eventi all'aperto. L'uso di accompagnare banchetti e simposi con musiche è attestato fin dai tempi degli Egizi, degli Ebrei, dei Greci e dei Romani. Ben nota è la *Tafelmusik* di Georg Philipp Telemann (1733). Anche Beethoven compose musica da tavola (si veda l'ottetto per fiati op. 103, del 1792, scritto per allietare la mensa dell'Elettore di Bonn). Riconducibili alla musica da tavola sono le brevi composizioni per pianoforte di Gioachino Rossini (famoso peraltro anche come gastronomo) intitolate ad antipasti e dessert, tra le non molte infrazioni alla decisione presa nel 1829 di non scrivere più musica.

da un commendatore che ordina: «Famme *Ièsterdei*». Eppure, quelle *Tafelmusiken* sono dei veri capolavori. Magari non tutte.

Questo mi fa convinto ancor di più che, nell'arte, il livello espressivo di una musica non è strettamente legato alla nobiltà dell'occasione che l'ha visto nascere. Se chi scrive è un genio, in un modo o nell'altro produrrà opere geniali. Le *Variazioni Goldberg*, vertice indiscusso della musica sublime, Bach le compose per alleviare l'insonnia del conte Von Keyserling. Se Mozart fosse nato nel Novecento, molto probabilmente, data la sua indole, avrebbe scritto per il cinema; e ancor più probabilmente avrebbe creato capolavori inarrivabili. Mi è capitato, al contrario, di ascoltare opere di miei contemporanei di un certo prestigio che hanno avuto commissioni accademiche di altissimo prestigio, eseguite da orchestre di altissimo prestigio, dirette da maestri di altissimo prestigio, in stagioni di altissimo prestigio. Ma il risultato è stato a volte un gioco di prestigio di altissima banalità.

Fa musica chi scrive in sintonia col menu dei pranzi, e fa musica anche chi scrive o canta un inno: l'inno di una nazione, di una squadra di calcio, di una contrada del Palio senese.

L'inno d'Italia, in uso dal 1946, detto di Mameli e con la musica di Michele Novaro, ha fatto assai discutere. Ne parlavo un giorno con Ennio Morricone, il quale affermava che non è una musica così brutta come si usa dire, ma che viene spesso penalizzata da esecuzioni troppo veloci che le danno un'aria superficiale, fanfaronesca. Lì per lì non ho obiettato nulla, ma ci ho riflettuto su. Alla fine resto della mia diversa convinzione – il maestro

Morricone è amichevolmente tollerante – e continuo a ritenere che un inno di questo tipo abbia tutto da guadagnare da un'esecuzione rapida, tesa, fortemente ritmica; in una parola, *toscaniniana*. Se me ne dovessi occupare, ricorrerei a qualche ritocco di orchestrazione (leggero, per carità), specie a qualche dinamica che ne accentui il carattere protoverdiano, e forse porterei il tempo in due anziché in quattro, sì da farlo risultare più cantato, meno marcetta, ma insieme più rapidamente sciolto, coniugando così le esigenze di Morricone e le mie. Penso più al Verdi del coro-marcetta dell'*Ernani* che alla solenne bellezza del «Va, pensiero» del *Nabucco*. La musica di «Si ridesti il leon di Castiglia», come quella di *Fratelli d'Italia*, fa appello pure a quel po' di zumpappà che scorre nelle vene di noi italiani e che non guasta, senza sconfinare però nelle ridicole goffaggini della vecchia *Marcia reale*.

Un inno va giudicato non dalla bellezza estetica in sé, ma dall'efficacia emotiva, che è legata a diversi fattori storici. Chi reputa il nostro inno nazionale musicalmente semplicistico, vada ad ascoltare quello spagnolo, la *Marcha de Granaderos*: un inno simpatico, allegro e gitaiolo al cui confronto la partitura di Michele Novaro brilla per complessità stilistica e armonica.

Federico Fellini amava raccontare che negli anni Quaranta Guglielmo Giannini, capo del Partito dell'uomo qualunque (segnalato da qualcuno come un antenato di Beppe Grillo), propose in parlamento di accantonare l'inno di Mameli per utilizzare al suo posto *Dove sta Zazà*, una macchietta sapiente di Raffaele Cutolo e Giuseppe Cioffi scritta nel 1944. Giannini, naturalmente, non fu preso sul serio e il progetto non andò in porto, ma Fellini si divertiva molto all'idea che una parte di italiani volesse proclamare la propria identità nazionale cantando *Zazà*.

Negli anni Ottanta, prima che l'amatissimo Carlo Azeglio Ciampi si impegnasse per restituire rispetto all'inno di Mameli, girava l'idea di sostituirlo con una nuova partitura che lo stato italiano avrebbe dovuto commissionare a un celebre compositore. Si fece il nome del portentoso Luciano Berio. Ma nemmeno questa mi pare fosse un'idea felice. Un inno non si scrive a posteriori, in ambito puramente estetico. Basti pensare agli inni delle squadre di calcio, e non sembri blasfemo il paragone. Fatte le debite proporzioni, chi è tifoso può capire: anche il severo ed esigente maestro Morricone, quando la Roma vince, si lascia andare volentieri alla musica di Antonello Venditti, che risulta adatta all'occasione più di qualsiasi composizione dotta e complessa.

Certi canti si portano dentro la storia lontana che li ha visti nascere. *Bella ciao* non sarebbe così toccante se non fosse legata agli avvenimenti della liberazione d'Italia da fascismo e nazismo. Il nostro inno nazionale – parole e musica in blocco – porta il segno dei giovani eroi che facevano i poeti e contemporaneamente combattevano e morivano per il nostro paese. A volerne scrivere uno a tavolino, al massimo esce l'inno di Forza Italia.

Chi fino agli anni Ottanta frequentava il Partito comunista italiano, conosce bene il repertorio musicale che accompagnava comizi, congressi, manifestazioni. Un repertorio popolaresco, spesso enfatico, ma anche doloroso: *Bella ciao*, *Sebben che siamo donne*, «Nostra patria è il mondo intero | nostra legge è la libertà...»

L'Internazionale è uno di quegli inni che facevano accapponare la pelle ai militanti per la commozione. Quando il partito nel corso degli anni si è rinnovato, insieme con i nomi, gli acronimi e la grafica ha voluto aggiornare anche la veste musicale dei raduni. Si arrivò così al congresso dell'aprile 2007 al Mandela Forum di Firenze, in cui si chiudevano i Ds e si inaugurava il Pd (sempre dalla matrice Pds, una volta sottraendo la P e una volta sottraendo la S: l'ultima combinazione possibile rimasta è Ps, come Post scriptum). Ero davanti alla televisione, incuriosito dalla cerimonia. Si aspettava l'entrata del segretario, il momento in cui un tempo avrebbe risuonato *Bandiera rossa*, *L'Internazionale* o l'*Inno dei lavoratori*. Ma all'ingresso di Piero Fassino, mentre sui maxischermi sorgeva il sol dell'avvenir, partì il suono sbarazzino di un ukulele che introduceva *Over the Rainbow*, la celebre canzone hollywoodiana che la bimba Judy Garland cantava nel film *Il mago di Oz* fra i covoni dell'America campagnola, nella versione modernizzata di Israel «Iz» Kamakawiwo'ole.

La perplessità fu inevitabile. Sono convinto che la nostalgia non sia un bel sentimento, perché è qualcosa che ci fa vivere con la testa girata all'indietro, facendoci buttare lo sguardo su memorie abbellite e approssimative («Ti ricordi?» «E come no!»). La nostalgia non ci fa avere un buon rapporto con l'oggi, tinge di un accattivante bianco e nero un passato che, quando era presente, era magari squallido. Rievocare i falò notturni al campeggio è sempre struggente, ma mentre li vivevamo nel presente di allora non sempre erano così esaltanti, anzi, erano a volte un po' noiosi, troppo umidi, sbadiglianti... Non mi ritengo un nostalgico, e dunque quel giorno non mi aspettavo l'ingresso del segretario al suono dell'*Internazionale*. Però quella musichetta da spot dei gelati in spiaggia ho faticato a digerirla, e non perché mi abbia scandalizzato: quel giocherello musicale mi sembrava superficialmente alla moda. Ma nello stesso tempo mi dispiaceva sentirmi escluso da una festa musicale collettiva, cosa che mi dispiace sempre. Il salone del Mandela Forum – pieno di ex Pci, ex Pds, ex Ds – gioiva al suono ritmato dell'ukulele, e io, avvilito, non ero contento di sentirmi fuori del gioco in memoria di *Bandiera rossa*, un inno che tutto sommato non mi è mai parso granché. Perciò mi adeguai a quel canto e me lo feci piacere. Lo stesso meccanismo con cui, molto più drammaticamente, Winston Smith, il protagonista di *1984* di Orwell, si fa piacere l'inno del Grande Fratello.

L'ascolto puro attraverso il disco o qualsiasi altro mezzo tecnico di riproduzione è soltanto un succedaneo dell'ascolto in sala da concerto; utilissimo, ma pur sempre un surrogato. Il disco è stato uno strumento insostituibile e per me benedetto, senza il quale non mi sarebbero mai arrivati alle orecchie Bach, Liszt e Thelonious Monk.

Negli anni della mia gioventù, gli auditorium, i teatri e le sale da concerto erano poco accessibili al ceto medio povero al quale appartenevo. La loro frequentazione era sostanzialmente riservata a una borghesia che ci teneva a essere identificata come una platea esclusiva. Per fare colore popolaresco c'erano da sempre i loggioni, affollati di cultori non abbienti la cui partecipazione chiassosa arricchisce ancora oggi di una nota folcloristica gli smoking e gli ingioiellati abiti lunghi del parterre. «I veri estimatori stanno nel loggione», «Nel loggione la qualità dell'ascolto è superiore» erano i luoghi comuni che udivo ripetere. Affermazioni in parte fondate: i loggionisti, benché non tutti intenditori, sono sicuramente più appassionati di certi spettatori di platea, e in molte gallerie l'acustica è migliore di quella intubata dei palchi. Ancora oggi i prezzi dei biglietti di platea e palchi sono proibitivi per le tasche di studenti e normali lavoratori stipendiati: questo mi riesce inaccettabile, perché penso a quanto denaro pubblico viene impiegato per mantenere i nostri enti lirici. E a me sembra una stortura incivile che una quota dei soldi del contribuente vada a sostenere una pratica che di fatto è una barriera alla diffusione democratica della cultura, riducendone la fruizione a un privilegio per ricchi. Se per lo stato ha un senso investire fondi nei teatri d'opera, tale senso deve essere legato ai costi democratici per assistere alle repliche; si potrebbero destinare i prezzi più elevati alle rutilanti «prime», anzi, in queste occasioni si potrebbe alzare ancora di più il costo di una poltrona, giusto per mantenerne vivo il pittoresco richiamo mondano; e per non perdersi perle come quella pronunciata da una famosa soubrette televisiva al termine di una prima wagneriana: «Dopo questa serata, ci sentiamo tutte un po' Valchirie».

Il Teatro alla Scala di Milano ha preso l'abitudine di offrire agli studenti una prova generale a loro riservata. I biglietti, a basso costo, vengono messi in vendita in internet e già dopo due ore la recita è esaurita. Chi ha assistito a queste rappresentazioni racconta di un pubblico entusiasta e caloroso, assai più interessante di quello delle sfilate carnevalesche in occasione delle prime inaugurali che mi capita di sbirciare alla televisione.

La meritoria iniziativa della Scala dovrebbe essere solo l'inizio di una politica che non allontani le nuove generazioni dall'opera (come dalla sinfonica e dalla cameristica). C'è però chi dice: «I giovani scelgono altro tipo di musiche, non il melodramma». Bisognerebbe intendersi sul termine «scegliere». Per scegliere in libertà, bisogna conoscere. Per conoscere, bisogna essere in grado di ascoltare musiche diverse. Per scegliere fra Wagner e i Lùnapop, bisogna conoscerli entrambi. Sennò non si sceglie, si viene scelti, e chi nascerà in un determinato luogo e in un determinato tempo ascolterà un determinato genere di musica e basta. Invece c'è un tempo per tutto: un tempo per scegliere di ascoltare Wagner e uno per scegliere di ascoltare Armstrong, uno per Stravinskij e uno per De Gregori, uno per Monteverdi e uno per Frank Zappa, uno per Fischer-Dieskau e uno per Celentano, nella libertà di scelta totale, che presuppone conoscenza. E la politica dovrebbe servire a questo: a mettere i cittadini in grado appunto di scegliere, di accedere con facilità a opere e concerti, con tante repliche a costi democratici. Ma la politica non sembra affatto interessata all'argomento, e se la si interpella in proposito, la risposta è che ci sono problemi più gravi in agenda. Non ne dubito, ma ho sempre sperato che la gestione statale della cultura un'agenda ce l'abbia, ce la debba avere, magari piccola, un'agendina. Al contrario, gli ultimi governi si sono preoccupati quasi esclusivamente di tagliare, prendendo a pretesto lo sciupio di denaro che avviene nelle pubbliche amministrazioni dei teatri. C'è un falso ragionamento, molto in voga in questi anni, riguardo agli interventi per la cultura: «Il tale ente non funziona, è luogo di clientelismo, di corruzione, di inefficienza, addirittura di furti; *quindi* chiudiamolo». «I finanziamenti destinati all'arte e allo spettacolo per una parte finiscono nelle tasche di furbetti, parenti e amici; *quindi* tagliamo i finanziamenti.» E proseguendo: «Nell'ospedale del tal paese gli ammalati sono curati male, i medici lucrano in proprio, gli apparati sono coinvolti nel malaffare territoriale; *quindi* chiudiamo l'ospedale». Ecco, secondo me l'imbroglio sta tutto nell'uso sbagliato e irritante di quel *quindi*. I governanti non hanno la capacità – o la volontà – di combattere sprechi, spreconi e clientele. E allora intervengono con tagli generalizzati che, come si sa, non andranno a colpire i corrotti, i lavativi, gli improduttivi, ma penalizzeranno le eccellenze, i non protetti. Se si sviluppasse fino in fondo questo falso ragionamento, per intervenire sulle inefficienze e gli sperperi di un ministero bisognerebbe dunque sopprimere il ministero stesso, e con esso il ministro.

Nel 1996 ero in giuria al Festival del cinema di Gand, in Belgio. Al primo giorno di riposo, gli organizzatori ci offrirono di assistere a una rappresentazione al Vlaamse Opera di Anversa, dove arrivammo verso le sei del pomeriggio fra nebbia fitta, cieli bigi, pioggerella e strade deserte. La facciata del teatro si intravedeva appena. Una volta in platea, scoprii con sorpresa un teatro stracolmo, con poche o niente pellicce e un pubblico perlopiù di giovani, incoraggiati dal basso costo dei biglietti. Si rappresentava il *Trittico* di Giacomo Puccini: *Il tabarro*, *Suor Angelica* e *Gianni Schicchi*, cantati in italiano. Alla fine dello spettacolo, l'intero cast era stato sommerso da uno scoppio di applausi e ovazioni da stadio che mi aveva commosso, dandomi la riconferma nettissima di quale prezioso patrimonio sia l'opera italiana all'estero. In Belgio, ma anche a Tokyo, il *Trittico* di Puccini è molto amato, assai più di quanto lo amino i nostri tagliatori di fondi – ammesso che lo abbiano mai ascoltato e che non lo confondano col tris di primi piatti servito nei ristoranti vicini a Montecitorio.

Per difendere la cultura bisogna averla, e soprattutto amarla. Quando immagino teatri d'opera e sale da concerto organizzati a prezzi accessibili, con repliche agevolate per studenti, sganciati dalla mondanità (inevitabile alle prime rappresentazioni) e dall'imperativo della visibilità mediatica, quando auspico una politica che aiuti le nuove generazioni a godere *La traviata*, *La Valchiria* o *Petruška* (tre titoli a caso fra centinaia), mi rispondono che sono un utopista: «Sarebbe come pensare a una giustizia uguale per tutti, a prescindere dalla parcella che puoi pagare all'avvocato». Di fronte ad argomenti di questo tipo, in genere resto muto, incasso. Mi rassegno e cerco allora di gustarmi quello che di prezioso comunque già c'è, e appena posso mi infilo in una sala da concerto. A Roma, la Sala Santa Cecilia dell'Auditorium Parco della Musica è in genere affollata di gente che si passa il programma per capire che cosa va ad ascoltare. L'orchestra si sistema, accorda, calano le luci, i telefonini grazie al cielo non prendono, entra il direttore e per mezz'ora, un'ora o anche più si dipana nell'aria un pensiero musicale. Una sintonia per me ancora magica si crea fra chi suona e chi ascolta: il pensiero puro dell'autore volteggia, si avvertono leggeri fremiti sul viso degli spettatori ai passaggi più significativi, muti sguardi di ammirazione – o di riserve sull'esecuzione – nell'intervallo fra i movimenti, e si procede compatti sino all'entusiasmo finale. La concentrazione psicofisica che tale ascolto ingenera è spesso percepibile fra vicini di poltrona.

Ho sentito parlare Franco Serpa nel corso di una commemorazione del mai abbastanza lodato Fedele d'Amico. Raccontava di quando assisteva ai concerti seduto accanto al geniale musicologo che era anche autentico appassionato di musica (non sempre i termini vanno insieme). All'alzarsi della bacchetta, D'Amico entrava in una concentrazione talmente intensa da indurre chi gli stava a fianco a sprofondare anch'egli in una emotiva densità di ascolto. Ho capito bene di che cosa parlava Serpa, e l'ho invidiato.

Il melomane sta lassù in loggione
il critico sta giù fra le poltrone.
Lassù in loggione aspettano l'acuto
in platea lo sbadiglio è contenuto.
Che strazio fra il loggione e le poltrone.

La banda del pinzimonio

Nella casa della mia infanzia, nel quartiere Trionfale di Roma, l'inizio della giornata era scandito dalla voce delle radio di mia madre. Erano due apparecchi a valvole con l'«occhio magico», la grande spia verde smeraldo della sintonizzazione: uno stava nella camera di noi figli, l'altro in cucina, entrambi fissi sul Programma Nazionale della Rai. Le rubriche – *Un santo al giorno*, a cura di Piero Bargellini, *Un nome al giorno*, a cura di Carlo Tagliavini, *Che tempo fa*, *Almanacco* – erano marcate da sigle, cioè da brevi brani musicali dei quali bastano poche battute perché si riconosca ciò che annunciano. Ciascuna aveva il proprio colore orchestrale, il proprio tema, il proprio ritmo, e cadenzava le tappe del lavaggio del viso, della vestizione, della colazione, la chiusura della cartella con dentro quaderni, libri e panino per la merenda. Il loro suono misurava il tempo e indicava l'eventuale ritardo sulla tabella di marcia: se nel corridoio rimbalzavano le note di *The Carousel Waltz* di Richard Rodgers e stavo ancora bevendo il caffellatte, dovevo affrettarmi: cappotto, bacio alla mamma, segno della croce e via a scuola.

Il Programma Nazionale si apriva all'alba con una crepuscolare sigla di campane tubolari – accompagnate da un tappeto orchestrale su un felice accordo di fa maggiore – composta dal maestro Attilio Parelli; e si chiudeva verso la mezzanotte, prima della messa in onda dell'inno di Mameli, con la sigla della rubrica *Buonanotte*, un languido adagio tratto dalle *Water Scenes* di Ethelbert Nevin. Si intitolava *Narcissus*, e risuonava sommessamente nella nostra casa ormai buia – la cucina già rassettata, la macchinetta del caffè pronta per la mattina dopo – mentre dal letto vedevo baluginare la lucetta del Sacro Cuore nel corridoio e udivo ticchettare la sveglia sul comodino di mia madre. Quelle note avevano su di me un patetico, straziante potere di commozione. Rivelavano, *siglavano* ciò che seguiva. E assumevano pure il ruolo di bussola sonora.

La trasmissione pomeridiana *Classe unica* – diffusa sulla rete culturale del Terzo Programma e dedicata alla recensione di libri – si apriva col terzo movimento della *Sinfonia in sol minore* di Mozart; e quando, più grandicello, l'ho sentito eseguire durante un concerto, mi sono trattenuto a stento dal gridare stupefatto: «Uh, *Classe unica*!» Inconfondibile, come è inconfondibile il Preludio del *Te Deum* di Marc-Antoine Charpentier: quando viene eseguito in pubblico, molti vengono distolti dallo spirito sacro del pezzo per sintonizzarsi emotivamente sulla sigla dell'Eurovisione (e magari sull'inizio della partita di calcio). E nell'ascoltare l'*Ouverture «Coriolano»* di Beethoven, la mente di tanti spettatori di un tempo andava non certo all'eroe romano disegnato da Shakespeare, ma all'amaro Petrus Boonekamp, visto che negli anni Settanta le prime note del *Coriolano* hanno fatto a lungo da sigla allo spot pubblicitario di quel liquore.

Oggi l'uso delle sigle si è esteso perfino al campo telefonico: dallo squillo del cellulare, a seconda della musichetta impostata, è possibile riconoscere chi ci sta chiamando. Si racconta che un presidente della regione Lazio di qualche anno fa distinguesse gli intimi che lo cercavano al telefono perché annunciati dalle note di *Faccetta nera*; questa musica, all'origine, segnava l'ingresso in scena del comico romano Gustavo Cacini, e solo in seguito era divenuta una canzone fascistella plagiata e firmata da Mario Ruccione.

Quand'ero bambino, le sigle radiofoniche per me scandivano non soltanto il passaggio delle ore, ma pure i giorni della settimana. La domenica alle 14 la radio si collegava con le sedi regionali. A Roma andava forte il varietà dialettale *Radio Campo de' fiori*, che si apriva con un magnifico squarcio dalle *Feste romane* di Ottorino Respighi; e da allora, ascoltare quel brano e sentire l'odore dei sughi che inondava i condominii del Trionfale è tutt'uno ai miei sensi. Mi resta poi fissata nella memoria la tromba di Herb Alpert nell'intramontabile *A Taste of Honey* di Bobby Scott e Ric Marlow, sigla di *Tutto il calcio minuto per minuto*, un pezzo incollato all'idea di domenica pomeriggio e che, per via dell'ostentata spensieratezza ritmica, faceva da mesto preludio alla malinconia che mi avrebbe attanagliato la sera del dì di festa. E ancor più sconsolante mi suonava *Delicado* di Waldir Azevedo, che introduceva un programma di ballabili domenicali su cui si sintonizzava chi organizzava feste danzanti casalinghe e non poteva concedersi il lusso della Lesaphon Perla di mio fratello Tonino. Il brano era trasmesso in una versione eseguita dall'orchestra diretta dal maestro Cinico Angelini, che a sua volta usava come sigla delle proprie esibizioni la celeberrima *C'è una chiesetta amor* di Eugenio Cantoni e Giuseppe Rampoldi.

E una sigla l'avevano quasi tutti i comici di un tempo. Stanlio e Ollio si presentavano con *The Cuckoo Song*, una marcetta che già alla seconda battuta iniettava gioiosa allegria non solo ai bambini, ma anche agli adulti più musoni e sconsolati. In Italia la più famosa era forse quella di Renato Rascel, *È arrivata la bufera*, ma la più geniale era la musichetta che fischiettava Ettore Petrolini offrendosi alla ribalta.

Nel 1995 Roberto Benigni debuttava con un nuovo monologo teatrale, *TuttoBenigni '95*, e io ero stato incaricato del fabbisogno musicale. Avevo già composto alcune canzoni per lo spettacolo, scritte con Vincenzo Cerami e Benigni stesso, e fra queste una intitolata *Quanto t'ho amato*, che nelle prime intenzioni voleva essere la semiparodia occulta di un brano démodé, sentimentale, all'italiana, quasi un esercizio di stile. Ne era uscito un pezzo che poi dal pubblico è stato apprezzato in modo tutt'altro che ironico, con nostra gioia ovviamente.

L'ultima settimana di prove ci occupammo dell'ingresso in scena. Come sarebbe entrato Benigni sul palco? Accompagnato da una musica? In silenzio? A Roberto avevo parlato della sommaria ricerca che avevo fatto sulle sigle dei comici del passato, proponendogli di riprenderne la piacevole usanza. Lui era stato d'accordo, e io avevo buttato giù degli appunti. Cercavo un'idea non di routine, e la mia mente era andata d'istinto al suono di una banda. Ma non c'era andata casualmente, tanto per scegliere un colore. Benigni rappresentava e rappresenta tuttora una poetica particolare: una poetica da un lato moderna e radicata nell'oggi, in uno spirito privo di nostalgie e crepuscolarismi; e dall'altro aggrappata agli antichi sentimenti della cultura contadina. La musicalità del suo parlare riecheggia quel mondo di bellezze, durezze, ironie e solidarietà paesane che è proprio dei nostri campanili rurali.

Anni dopo, nel riflettere sul senso emotivo del film *La vita è bella*, mi ero fatto una domanda: perché il protagonista Guido Orefice muore? È un personaggio ebreo, che è ebreo soltanto perché fa di cognome Orefice, ma è anche un ragazzo intriso di cultura da borgo contadino cattolico. Nella prima parte del film, per sedurre la bella Dora, gioca invocando la Madonna («Maria, la chiave!»). Quando la corteggia, la invita a incontrarsi la domenica per Santa Maria, alla festa della Madonna. E quando, nella parte finale, inizia la fuga dal campo di concentramento, saluta il compagno di prigionia con una spiritosa frase di solidarietà da piazza di paese: «Senti, Bartolomeo: io vado, eh? Io vado. Ci si vede a Viareggio. Si fa una società… si mette su un'azienda di incudini». In una delle ultime scene, anziché darsi alla fuga, Guido mette più volte a rischio la vita per cercare la sua bella; ma alla fine grida d'istinto alle prigioniere che sono su un camion: «Appena fuori buttatevi di sotto dal camion! Scendete! Buttatevi di sotto!», nel tentativo di salvarle dalla soluzione finale. Ed è per quel grido che Guido viene scoperto dall'aguzzina di guardia, è quel grido a costargli la vita: ancora un gesto di solidarietà verso il prossimo; solidarietà fisiologica, non ideologica.

Lo spirito d'arte di Roberto Benigni è uno sguardo che radiografa il presente metropolitano con arguzia spietata, ma che è immerso in un forte retroterra di civiltà paesana, di piccola comunità solidale. Questa civiltà l'ho conosciuta frequentando sin dall'infanzia il villaggio natale paterno, Corchiano, nel viterbese. Ricordo l'effetto che mi faceva la banda musicale del posto, in cui mio padre aveva militato come suonatore amatoriale di cornetta in si bemolle. E ricordo anche le storie su quella minuscola banda – ambientate all'inizio del Novecento – che lui stesso mi riferiva, storie che nella sua memoria e nella sua narrazione avevano sempre un sapore epico. Mi raccontava della sera in cui, negli anni Venti, si festeggiava in paese l'arrivo dell'energia elettrica: la banda era schierata per la cerimonia, in attesa di esibirsi per salutare il favoloso evento tecnologico. Io immaginavo quel luogo buio, senza suoni musicali nell'aria, una povera comunità riunita nella piazzetta, in un silenzio rotto da brusii, chiacchiericcio, sommesso preludiare di strumenti a fiato. Una lampadina che ai nostri occhi moderni sembrerebbe fioca, fiochissima, era pronta ad accendersi fra la meraviglia e il batticuore delle genti radunate. Al segnale convenuto la lampada si accese, e al gesto del maestro Santini la banda intonò fragorosamente la marcia *Viva la luce elettrica che c'illuminerà*, brano scritto per l'occasione dallo stesso direttore. Non è facile per noi comprendere fino in fondo che cosa doveva essere quel felice momento musicale per la piccola comunità corchianese, isolata dagli altri villaggi, priva di mezzi di trasporto e senza telefono né telegrafo.

Mio padre mi raccontava anche di quando, le sere del sabato, il complesso bandistico si cimentava nientemeno che in brani d'opera. Non soltanto ouverture, sinfonie, intermezzi, ma vere e proprie scene in cui la cornetta copriva il ruolo del soprano, il flicorno quello del contralto, il trombone quello del tenore e il bombardino quello del baritono. Durante le prove, il maestro, con la sua cultura orgogliosa, cercava di spiegare ai suonatori analfabeti il testo delle frasi che andavano a eseguire, nella speranza di farli immedesimare meglio. «Ma non è che afferrassimo granché» mi riferiva mio padre. «Una frase qui, una lì: "Bella figlia dell'amore", "Corro a salvarti", "Leonora addio!"» Ne parlava a occhi socchiusi, accennando a fior di labbra temi del quartetto del *Rigoletto*, del «Miserere» del *Trovatore*... Nell'emozione che esprimeva quell'anziano ex cornettista dilettante, ravviso oggi un'ulteriore porzione della genialità di Giuseppe Verdi. Come spiega bene Alberto Savinio, la potenza della *Traviata* non la abbatte nemmeno l'esecuzione di uno sgangherato organetto da strada. I corchianesi accorrevano a cogliere l'unica preziosa occasione che avevano per ascoltare musica, e quando penso a quei concertini rabberciati di gente che aveva combattuto l'intero giorno con ulivi, nocciole e maiali, e la sera soffiava dentro flicorni e bombardini; quando paragono quella realtà alla facilità con cui oggi chiunque può accedere all'universo musicale attraverso iTunes o Spotify e ascoltare il Verdi di Abbado per pochi centesimi, o gratis, in cuffie dal suono perfetto; quando penso a tutto questo, mi viene di considerare quanto sia fortunata la generazione dei miei figli. Però, nello stesso tempo, sospetto che, nel cammino luminoso del progresso, molto si guadagna, ma qualcosa si perde. Qualcosa che è forse più prezioso di come ci appaia.

Devo ai racconti di mio padre la passione istintiva per le bande musicali. In alcuni viaggi che ho fatto in Puglia, ho incontrato bande di entusiasmante comunicativa e conosciuto un repertorio poco accademico che mi ha ammaliato. Mi capita così: la musica che mi seduce è quella che sa sorprendermi, e arriva spesso da zone diverse da quelle che mi aspetto, quando meno me l'aspetto. Una mattina, in macchina, ascoltando Radio 3, ho sentito un brano pianistico mai udito fino ad allora e che non sapevo neppure collocare: un Mozart che mi era ignoto? Un Beethoven che mi era ignoto? Un Haydn che mi era ignoto? Sono dovuto scendere dall'auto prima che annunciassero chi fosse l'artista che mi aveva fatto drizzare le orecchie e rapito la mente. Ho poi condotto una ricerca e, grazie ai miracoli di internet e nonostante le carenze di iTunes e Spotify in campo di musica classica, sono venuto a sapere che si trattava di una magnifica sonata del tedesco Friedrich Wilhelm Michael Kalkbrenner (1785-1849). Ora sulla mia scrivania, o meglio, sul mio desktop, staziona fisso il file della musica di questo compositore, per me ex Carneade, che quotidianamente risuona nella stanza. È così: un pensiero musicale che ha la capacità di stupirmi per una soluzione armonica, ritmica, per un'invenzione tematica, si appalesa spuntando da luoghi e in momenti impensati.

Lo stupore è per me fondamentale, e ancora oggi non riesco ad ascoltare *La Valchiria* senza stupirmi. Mentre non mi hanno mai stupito le performance d'avanguardia degli anni Settanta e Ottanta: ho diligentemente assistito a decine di concerti dove gli autori/esecutori facevano di tutto per stupefare, provocare, ma spesso l'unica cosa che mi provocavano era una gran noia depressiva.

In Puglia invece, nel tarantino, ho scoperto le composizioni del maestro Ernesto Abbate. Era stato per anni direttore della banda di Squinzano, e fu inventore del genere *marcia sinfonica*, lasciando partiture dai titoli curiosi ancora rinomate nell'ambito bandistico: *Ninì la capricciosa*, *Svelti agli alloggi*, *Titina*, *Cettina birichina*, *Bella Madonna* (quest'ultimo suona quasi blasfemo). Una sua marcia in particolare mi colpì, un breve pezzo sinfonico per banda misteriosamente intitolato *A tubo*. L'ho ascoltato e riascoltato con attenzione, e mi sembra un brano che nell'invenzione tematica e armonica, nell'uso ingegnoso dei cromatismi, negli stupefacenti deragliamenti che si permette, contiene già buona parte della poetica musicale del fellinismo rotiano. Seguirlo e pensare a certe sequenze del primo Fellini in bianco e nero è tutt'uno. Non so se il maestro Rota, che in Puglia ha lavorato a lungo, abbia mai ascoltato *A tubo*, ma penso che quella marcia gli sarebbe tanto piaciuta.

Insomma, erano stati forti i motivi per cui avevo scelto e proposto a Roberto Benigni una sigla per banda. Avevo in mente i contesti paesani in cui si attendeva l'arrivo della processione del santo patrono, e in lontananza si sentiva echeggiare il suono appena distinguibile dei fiati. Poi, quando il santo entrava in piazza, la banda esplodeva fragorosa mentre scoppiavano castagnole e mortaretti, missando il loro frastuono con quello musicale. Nella sigla che ho scritto per Benigni ho cercato di riprodurre la stessa situazione che faceva battere il mio cuore infantile, con gli ottoni che, ritmando distanti, preannunciano la comparsa del santo comico in scena; poi, al momento dell'ingresso, trombe e percussioni deflagrano con un andamento festoso, gioioso, che sorvola sorridente sulle venature di cromatismi che la melodia pur contiene.

Ero molto contento il giorno in cui registrammo questa marcetta, che avevamo chiamato *La banda del pinzimonio*. Il titolo prendeva spunto dall'inizio dello spettacolo, in cui il Nostro dichiarava di voler fondare un nuovo partito, e siccome i simboli botanici e arborei erano già stati presi – l'edera, i cespugli, la quercia, l'ulivo – e non ce n'erano di liberi, si era buttato sulla verdura e aveva scelto un nome che li raccogliesse un po' tutti: «Il Partito del pinzimonio, il partito di sant'Antonio, il partito più serio, quello del cazzimperio». L'autore dell'inno di quel partito sono io.

È difficile per noi immaginare una società senza la musica artificiale, diffusa da dischi, radio, tele- e filodiffusione. Una vita sociale in cui il suono di una fisarmonica o di un mandolino era preziosissimo, rompeva il silenzio, o meglio l'assenza di musica. Nell'aria erano udibili grilli, uccelli, cicale, in uno di quei concertati che qualche notte oggi mi godo nel mio casale di campagna: suoni di gufi e upupe rimbalzano sotto le stelle con una trasparenza e una lucentezza sonora che nessun dolby stereo saprebbe restituirmi. Se c'è un po' di brezza, gli alberi contrappuntano con un frusciare delicato, che non sarebbe nemmeno udibile se ci fossero nei paraggi automobili con stereo a palla. Quando in lontananza si sente fischiare un treno, sembra il suono dolce di un uccello notturno. E mi figuro che effetto doveva fare, in certe notti chiare e dolci e senza vento, una serenata. La serenata è quel genere musicale in cui si sono cimentati tanti grandi autori, da Mozart a Brahms, e che oggi ascoltiamo seduti in una poltrona d'auditorium, in ambienti lignei con bella acustica, col programma di sala in mano. Ma la bellezza delle serenate campagnole non stava nel loro livello artistico: avevano un altro tipo di magia, che fossero composte da Paolo Tosti o dal farmacista di Vignanello. In un'aria muta, senza il brusio di radio e televisori, in una quiete stellata, che effetto poteva fare sentire una voce salire dai campi o da un vicolo, accompagnata da una chitarra, un flauto, un organetto? Che seduzione poteva consegnare alla finestra della giovane amata? Da ragazzino mi è capitato di partecipare a qualche serenata campagnola; i grandi mi ci portavano perché suonavo la fisarmonica, ma erano già tempi di transistor, e le serenate che facevamo noi erano di fatto parodie di quelle vere, quelle dei nostri nonni. Posso solo immaginare. Perché quando la musica era tutta e solo *dal vivo*, io non ero ancora nato.

Sono cresciuto nell'era del long-playing, con un suono di buona qualità. L'avvento del disco, a cui la mia iniziazione musicale deve tantissimo, ha rivoluzionato antropologicamente le abitudini dell'ascolto e delle esecuzioni: l'ascolto e l'esecuzione presero a concentrarsi sulla perfezione del dettaglio, sul particolare immacolato, tenendo in secondo piano la visione d'insieme dell'opera, cosa che faceva inorridire musicologi come Fedele d'Amico ed esecutori come Sergiu Celibidache, e posso capirli. I cronisti dell'epoca del leggendario pianista Ignacy Jan Paderewski testimoniano come non fosse raro che egli incorresse in qualche imperfezione esecutiva, guadagnandosi il soprannome «Papereski» da parte di colleghi rivali italiani. Però gli stessi testimoni raccontano quanto fossero incendiarie per il pubblico le sue esecuzioni dal vivo. La teatralità, la comunicativa e la potenza sonora – del pianista, del violinista, del cantante – erano doti essenziali per il successo nei concerti. Proprio a seguito di quel successo, alcuni registravano dischi tecnicamente rozzi e approssimativi, grazie ai quali abbiamo attestazione del suono di Sergej Rachmaninov, Enrico Caruso, George Gershwin o Gilda Mignonette.

Nelle registrazioni discografiche la perfezione del dettaglio viene prima di tutto: un errore che ascoltato dal vivo passa via in dimensioni veniali, al decimo riascolto su disco diventa gigantesco, insopportabile. L'evolversi dei mezzi di registrazione ha reso più facile realizzare esecuzioni tecnicamente ineccepibili. E poi da anni esiste il montaggio, che permette di attaccare fra di loro le migliori esecuzioni delle parti singole di un brano, di inserire quattro battute al centro di un pezzo, di incollare il meglio di incisioni realizzate nel corso di settimane. Nel 1971 uscì per la Deutsche Grammophon lo stupefacente *Barbiere di Siviglia* diretto da Claudio Abbado, con Luis Alva, Hermann Prey e Teresa Berganza: una versione filologicamente esatta, esecutivamente esaltante, sonoramente smagliante, quella che si dice un'edizione di riferimento, forse tuttora insuperata; ma intorno alla quale giravano dei racconti che sembravano fantascientifici. Si diceva che fosse il frutto del montaggio minuzioso di singole incisioni, di singole battute, addirittura di singole note; e che il nastro originale fosse pieno di giunte. Non so quanto ci fosse di vero, ma so che di lì a pochi anni sarebbe diventato prassi non solo montare frammenti di nastro, ma, col digitale, persino intonare note calanti, allineare frasi fuori tempo, inserire passi presi da un'altra parte del brano. Succede anche, mi dicono, che alcuni cantanti, prima di avviare un turno di registrazione, a voce ancora fresca, incidano le note separate che vengono poi inserite negli acuti delle arie.

È possibile abbellire e perfezionare al millesimo una registrazione, è possibile schiarire voci troppo scure e scurire voci troppo chiare, rendere perfetta la coloratura di un soprano, prolungare la durata di un acuto. Rammento l'effetto potente del finale di *I pugni in tasca*: il giovane protagonista muore di epilessia, mentre nella casa risuona l'aria «Sempre libera degg'io» dal disco della *Traviata.* Il montatore del film, l'ingegnoso Silvano Agosti, prolungò la nota acuta del soprano Rosanna Carteri in modo innaturale, ottenendo un effetto sorprendentemente drammatico. Era un procedimento allora pionieristico, che richiedeva tanta perizia sperimentale e tanto scotch. Oggi, con i computer, è semplicissimo. È assai comune, dicono i maligni, registrare anche acuti di giovani studenti da tenere come riserva al momento del missaggio, per sostituirli alla voce del titolare illustre ma avanti con gli anni. Insomma, quando ascoltiamo un'opera su compact disc, a volte stiamo ascoltando in realtà il frutto di un procedimento alla Frankenstein, un'edizione senz'altro magnifica e preziosa ma che nulla può avere di suppletivo rispetto a un'esecuzione dal vivo, in teatro, in carne e ossa, in cui l'artista può *affiatarsi*, accordarsi sul fiato del pubblico, sentire l'emozione che vibra in platea, in loggione; un'esecuzione in cui anche lo sforzo atletico per raggiungere l'altezza di un acuto assume il valore di gesto espressivo teatrale. Esistono molte edizioni di registrazioni *live* che mettono un freno alla deriva Frankenstein, ma anche quelle, prima di essere pubblicate, passano al vaglio di un missaggio, con correzione di errori, migliorie di fraseggio, precisazione dell'intonazione. Lo dico con cognizione di causa, perché a volte lo faccio anch'io. Più che un malcostume, mi sembra un costume inevitabile. Per questo, appena posso, mi infilo in un teatro ad ascoltare concerti dal vivo.

Nell'anno in cui comprai i dischi del magnifico *Barbiere di Siviglia* diretto da Abbado, ne acquistai anche un'altra versione, agli antipodi come prassi esecutiva: era la riversione in 33 giri – oggi la chiamerei rimasterizzazione – di un'edizione a 78 giri in cui i cantanti Riccardo Stracciari, Dino Borgioli e Mercedes Capsir diretti da Lorenzo Molajoli si prendevano le loro belle libertà, modificando il fraseggio spesso a scopo comico. Si sentiva che si trattava della trascrizione su disco di un uso esecutivo nato in teatro, con trucchi e artifici per prendere l'effetto sul pubblico, per attrarne l'attenzione. Paragonavo allora quell'edizione approssimativa a quella abbadiana, impeccabilmente legata alla revisione critica della partitura compiuta da Alberto Zedda: e la prima mi risultava tanto rozza nel suo andamento spensieratamente antifilologico. Poi però mi veniva alla mente una domanda a cui ancor oggi non so rispondere: ma al tempo di Rossini, qual era il costume artistico? La prassi esecutiva nei teatri era più simile a quella guittesca di Molajoli o a quella perfetta di Abbado? Il dubbio mi resta, se penso a che cosa dovevano essere i bassi guitti che, nel primo Ottocento, facevano sganasciare le platee con le gag di don Basilio, o a che cosa facesse davvero Emanuel Schikaneder a Vienna nel ruolo comico di Papageno durante le repliche del *Flauto magico*. Ma qual è lo spirito più autentico di questo tipo di teatro? La risposta non la so, e restare nel dubbio mi piace. Sono pronto a farmi persuadere in un senso o in un altro dal primo esperto che si impegni a convincermi. La versione del *Barbiere* più affascinante che abbia visto in teatro resta quella del 1965 con la regia di Eduardo De Filippo. Mi piacque tanto, ma quando lessi le stroncature di alcuni critici molto attendibili che la accusavano di guitteria, mi allineai conformisticamente e mi convinsi che non mi sarebbe dovuta piacere; e che quindi *non mi era piaciuta*. Ero un ragazzo ignorantello, e il coraggio di difendere le mie sensazioni era una conquista che dovevo ancora fare.

Per molti studenti di musica della mia generazione, il grande miraggio piccoloborghese era la possibilità di essere citati un giorno nelle enciclopedie, e anch'io come tutti fantasticavo di ritrovarmi addirittura nella Treccani (così come fantasticavo di ritrovarmi con Brigitte Bardot). Poi una notte avevo sognato di esserci finito davvero (nella Treccani). La voce che mi riguardava diceva soltanto: «Piovani, Nicola (n. Roma 1946 – vivente). Musicista compositore. È autore di *La banda del pinzimonio*». Non c'era traccia di cantate sinfoniche, trii da camera, Stabat mater, concerti per violoncello, *Epta*, *Viaggi di Ulisse*, commedie musicali... Eppure non era un brutto sogno. Leggevo quella voce dell'enciclopedia e ne ero orgoglioso.

La banda passa e fa sempre allegria
sfanfareggiando zoppa per la via.
La statua di san Biagio ha il volto smorto
è guercio, ma nessuno se n'è accorto.
La banda passa e fa malinconia.

L'italiano, il coro e la stecca

Per tanto tempo l'italiano ha spadroneggiato nella musica occidentale, ed è stato considerato la lingua musicale per eccellenza. I termini comunemente usati per definire il ritmo, le dinamiche e il fraseggio espressivo sono stati scritti per secoli nella nostra lingua: *forte*, *piano*, *crescendo*, *diminuendo*... Ho faticato molto a spiegarlo a un bravissimo jazzista incontrato a un festival all'interno del quale, nel 1989, presentavo *La cantata del fiore*, una mia opera su testo di Vincenzo Cerami; fra una prova e l'altra, un giorno mi aveva chiesto con candore: «Ma perché in italiano?».

«E perché no?» avevo ribattuto io.

«Perché l'italiano non è adatto al canto, alla musica.»

«E in che lingua bisogna cantare?»

«In inglese, naturalmente!»

Non c'era nulla di provocatorio nella sua affermazione: era come se mi informasse di un concetto ovvio che mi era sfuggito. Che l'inglese sia una lingua cantabile e l'italiano non lo sia non era soltanto una sua convinzione: era la premessa del suo pensiero estetico, del suo lavoro di valente musicista.

Mozart ha composto capolavori su libretto in italiano, nella Russia zarista si cantava in italiano, in mezza Europa si cercava di imitare la cantabilità italiana: qualcosa di simile a quel che accade oggi con l'inglese. Quindi, per un artista di linea pop-jazz, cantare in italiano non fa chic; ma tra quanti comunque lo fanno, alcuni ostentano una pronuncia all'americana, come il Nando Moriconi (detto anche Meniconi) di Alberto Sordi quando dice, con l'accento di Kansas City: «Maccarone, tu m'hai provocato e io me te magno».

Per le indicazioni agogiche, nella pratica musicale internazionale resistono e permangono nell'uso tantissimi termini italiani: *andante*, *andante con moto*, *crescendo*, *diminuendo*, *morendo a poco a poco*, *rubato*, *con dolcezza*... Questo *con dolcezza* ce lo ricordiamo bene, perché pare che da qui venga il nome di Condoleezza Rice, segretario di stato durante la seconda amministrazione di George W. Bush. Si racconta che il padre, un pastore presbiteriano, fosse appassionato di musica, e che per battezzare l'amata figlia si fosse ispirato alle indicazioni scritte sugli spartiti musicali, che erano appunto in italiano. Il reverendo Rice scelse la dicitura *con dolcezza*, che però trascrisse con una *e* al posto della *c*. E così *con dolcezza* divenne *Condoleezza*, un nome traboccante di soavità, affibbiato a una guerrafondaia che, con ogni probabilità, suonava dolcemente Chopin a casa propria mentre piovevano bombe sui civili iracheni.

Allegro, allegretto. Suona strano, ad alcuni ascoltatori, il fatto che questi termini si riferiscano al ritmo di un brano, non alla sua allegria: indicano un tempo non lento, un andamento pacatamente svelto. Il sublime Allegretto della *Sinfonia n. 7* in la maggiore op. 92 di Beethoven, che ha fatto da commento a molti film e che ha invaso tanti spettacoli teatrali sperimentali dagli anni Settanta in poi, da quelli della cantina romana del Beat '72 a quelli di Emma Dante, è una partitura che ha una temperie molto drammatica, anche tragica, e un tono che niente ha a che vedere con l'allegria.

Moderato. Ecco un termine musicale entrato nel linguaggio comune e il cui uso fa davvero ridere, forse ancor più della storia di Condoleezza. Sta fra il lento e l'allegretto, ed è un tempo cautamente mosso. «Moderato» è scritto, per esempio, nell'intestazione del terzo movimento della *Terza sinfonia* di Sibelius. Ma, in politica, si autodefiniscono moderati personaggi che con la moderazione c'entrano come gli alcolizzati con l'acqua Sangemini: allo schieramento detto moderato appartengono figuri aggressivi, urlanti, postfascisti. Chissà che cosa intendono con questo termine, che musicalmente indica un andamento ritmico decisamente sobrio. Mi viene voglia di chiedere se si possono considerare moderati anche Attila e Erode.

Rubato. Il tempo rubato è uno dei connotati più vistosi del linguaggio musicale romantico. Suggerisce elasticità ritmica all'esecuzione: si può indugiare su una nota, su una frase e poi accelerare all'interno della stessa battuta. Tanti capolavori ottocenteschi, di Chopin e non solo, perderebbero molto della loro comunicativa senza il rubato a disposizione dell'interprete – dell'interprete che naturalmente non ne abusi, che sappia fare uso d'arte delle preziose indicazioni: «un poco rubando», «rubando con grazia». Un'esecuzione pianistica con un evidente rubato ci dice subito che non siamo in ambito settecentesco, bensì all'epoca di Brahms e Schumann, anche se il suo uso nel canto pare essere di data più remota; nel 1723 il celebre soprano castrato Pier Francesco Tosi scriveva nel suo trattato *Opinione de' cantori antichi e moderni*: «Il rubamento nel patetico presuppone una bella restituzione», intendendo con ciò che se si rallentava in un punto bisognava equamente affrettare dopo, in modo da rendere la somma dei tempi perfettamente equilibrata. Nel rubato ottocentesco però non è così, quest'obbligo non c'è: se dilato l'esecuzione di una porzione di battuta, non ho nessun obbligo di recuperare il tempo perduto, non ho il dovere di rendere le battute isoritmiche. Per cui desumiamo che il Tosi si riferisse a una pratica che, più che all'uso lirico romantico del rubare, può essere paragonata allo swing.

Swing. Se il rubato è il connotato linguistico che più colloca un'opera nell'Ottocento, lo swing è il modo di suonare che più di ogni altro ci segnala che siamo nel Novecento. Differisce nettamente dal rubato perché la voce, il canto o la melodia strumentale possono sì prendersi la libertà di affrettare o rallentare all'interno di alcune frasi, scorciare e riallungare le singole note, ma gli strumenti ritmici devono sempre tenere il tempo metronomicamente. La somma del tempo impiegato dalla melodia deve corrispondere precisamente alle misure isocrone del ritmo. Questo ha suggerito a Stravinskij una spiritosa provocazione: «L'improvvisazione jazzistica è la dissoluzione dell'immagine di tempo. [...] il ritmo non esiste realmente perché non esiste nessuna misura ritmica. Al posto del ritmo c'è il battito: i musicisti battono per l'intero pezzo solo per tenere il tempo e sapere sempre dove si trovano».

La melodia eseguita con swing scivola continuamente sugli spostamenti di accenti, sull'anticipazione dell'accento forte, per cui abbonda di sincopi. Il canto sincopato, che è stato definito con qualche ragione «il riscatto del levare», è secondo me una delle più potenti modificazioni linguistiche del Novecento, nata dall'incrocio della cultura africana con quella occidentale, americana-europea. Ha portato un rinnovamento del linguaggio musicale molto più potente di qualsiasi ricerca dotta, sperimentata a tavolino; più potente di qualsiasi rivoluzione dettata da spinte teorico-ideologiche anziché da un'esigenza espressiva. Su questo concetto non ho tanti dubbi, anche se di dubbio metodico è pervaso tutto ciò che penso della mia complessa e indecifrabile contemporaneità. La sicurezza con cui alcuni asseriscono che la tale opera sia *oggettivamente* brutta e la tal altra *oggettivamente* bella mi ingenera sempre una certa inquietudine, ma mi fa pure sorridere. Di tanti capolavori *oggettivi* si è persa la luce in breve tempo, e tante opere *oggettivamente* minori, marginali, hanno guadagnato in pochi decenni il rispetto graduale della critica ufficiale. Un nome per tutti? George Gershwin.

Ho conosciuto il grande sassofonista Baldo Maestri quando lui era agli ultimi anni della sua attività, mentre io cominciavo a lavorare intensamente. Un giorno mi disse: «Finché c'è swing, c'è speranza». Forse la frase non era la sua, forse mi citava un modo di dire dell'ambiente, ma mi risultò particolarmente toccante. Fellini era invaghito di questo personaggio col quale aveva inciso musica già dall'epoca di Nino Rota. Baldo Maestri era anziano, e il suo aspetto fisico ingobbito e ricurvo cozzava col lucente sorriso che esternava quando eseguiva una musica che gli piaceva. Durante la registrazione della colonna sonora di *Intervista*, Fellini mi aveva detto: «Osservalo con attenzione: suona così bene che finisce per somigliare al suo strumento». Effettivamente le curve del sax contralto sembravano seguire la linea delle spalle e del collo di Maestri, sinuosamente arcuati. E ricordo bene il disappunto di Fellini la mattina in cui incidemmo un mio brano musicale nel quale avevo previsto una parte per sassofono soprano, che è uno strumento dritto, senza curve.

«Ma perché non lo facciamo col sax?» mi aveva detto con tono serio da regista.

«Guarda, Federico, che quello è un sax» gli avevo spiegato. «È un sax soprano, ma sempre un sax.»

Era evidente che con Rota non gli era mai capitato di imbattersi in un sassofono che non fosse contralto o tenore, sax ricurvi.

«Ma scusa, Nicoli', perché non ne facciamo una versione col sax normale? Ti dispiace?»

Sono sicuro che la sua perplessità, quel minimo di smarrimento che mostrava, non venisse dal timbro del sassofono soprano, bensì dalla sua forma dritta, che mal si accordava col fisico ingobbito di Baldo Maestri.

Acuto. È un termine che si presta a qualche riflessione metaforica extramusicale. L'acuto alla fine di una romanza, di un'aria è il momento culminante in cui il pubblico trattiene il fiato e il cantante si concentra atleticamente per sparare una frequenza alta, una nota al limite delle capacità umane; il momento in cui, se le cose vanno bene, il divo lirico raccoglie il consenso, l'applauso, la gratitudine per aver forzato all'estremo la natura, per aver sfruttato al massimo la laringe, la cavità toracica, il diaframma, facendo risuonare la voce di petto, di testa. Ma questo impegno atletico ha un senso perché è legato alla melodia che lo precede, ai versi che raccontano il pathos del personaggio, il senso di una vicenda. Senza quella lunga premessa, l'acuto sarebbe un'emissione di suono inutile. Immaginate se, colti da una folle visione aritmetica del gusto musicale, sviluppassimo il seguente concetto: siccome il massimo successo di un'aria sta nell'acuto finale, possiamo tagliare le battute che lo precedono. Spunta in scena Calaf e canta soltanto: «Vincerò, vincerò!», entra Manrico e scarica direttamente: «All'armi!», entra Mario Cavaradossi e prorompe in: «E non ho amato mai tanto la vita». Potremmo realizzare una performance di soli acuti, di soli finali, di soli culmini espressivi. Con un computer il montaggio sarebbe facilissimo, ma il risultato sarebbe noioso, insignificante, come sono noiosi a volte i gol delle partite di calcio trasmessi di fila senza l'emozione dell'intero match. Gli acuti presi singolarmente non sanno di niente, sono esercizi, prove atletiche, ancor meno che ciliegine senza torta.

Questo concetto così lampante è la metafora di un grande equivoco culturale del consumismo dei nostri giorni: la smania di quantificare la qualità, di sommare le bellezze, di ridurre il senso del viaggio al suo punto di arrivo, di fruire del senso ludico del Carnevale senza prendere le ceneri della Quaresima, di godere di un'opera d'arte al di fuori della sua struttura. È un'idea più facile da spiegare ricorrendo all'esempio dell'arte comica: la comicità tradizionale, la farsa, la commedia si sono sempre articolate in una griglia musicale in cui le parti da ridere erano precedute da momenti quasi esclusivamente narrativi. Nelle farse, nei primi minuti non si ride, ma si fissano i contesti; il pubblico segue, capisce i rapporti e sente parlare del protagonista, il quale giunge un po' dopo, quando le metonimie e i giochi sono impostati: entra in scena e fa tesoro degli equivoci, raccoglie i paradossi della situazione e provoca risate. Senza quella prima parte non si riderebbe così tanto, non si svilupperebbe la comicità. Ma nell'era della cultura televisiva, ossessionata dalla paura che lo spettatore cambi canale, non c'è tempo per impostare: il comico deve far ridere già nei primi secondi, deve attirare subito l'attenzione, per non perdere audience. Ecco che così viene tagliato il lavoro di costruzione strutturale, ecco che si privilegia in modo quasi esclusivo il *buffo*, ecco trasmissioni che inanellano una battuta breve dietro l'altra; e a me fanno l'effetto che mi farebbero gli acuti e i gol messi in fila, cioè un senso di noia progressiva. È come la pornografia, che insiste sugli stessi gesti ripetuti ossessivamente, eliminando prologo, sviluppo, agnizione e finale; la pornografia che, secondo Flaiano, «trasforma un mistero in un pettegolezzo».

Qualcuno ha detto che l'acuto è l'orgasmo del melodramma. Appunto: un rapporto amoroso di soli orgasmi sarebbe follia consumistica impraticabile. Non si può trasformare in *quanto* il *quale*. *L'anello del Nibelungo* di Wagner inizia con un pedale lungo più di quattro minuti, un'armonia fissa su un accordo di mi bemolle che si gonfia gradualmente nel sobbollire dell'orchestra e che nella fissità armonica diventa progressivamente un decollo poetico, sempre su un mi bemolle fisso. Queste misure hanno un senso grandioso perché proporzionate a ciò che segue, circa quindici ore di vicende favolistiche su musica fantastica. Senza tale proporzione, le centotrentasei battute di quel preludio, isolate in un concerto, sarebbero follia inerte.

Tempo. Parola chiave di tutta la musica: c'è il tempo semplice in quattro quarti, il tempo composto in sei ottavi, il tempo dispari in sette ottavi, il tempo tagliato in due mezzi e così via. C'è il tempo rubato, punto nodale delle interpretazioni chopiniane, e c'è il tempo largo, calmo, quello che spesso ci sembra di aver perso nella quotidianità. C'è anche il tempo perso, che a volte mi sembra l'unico tempo veramente guadagnato della vita. C'è un tempo per tutto sotto il sole, ammonisce l'*Ecclesiaste*. Un tempo per nascere e un tempo per morire, un tempo per piangere e un tempo per ridere, un tempo per gettare sassi e un tempo per raccoglierli. E noi sappiamo che c'è un tempo per impegnarsi e uno per cazzeggiare. Uno per ascoltare in silenzio Bach e uno per ballare un samba. Un tempo per i libri di Saviano e uno per i giochi di Bartezzaghi. Sappiamo anche che c'è un tempo per innamorarsi, un tempo facile e felice che gli adolescenti sanno bene come vivere. E c'è un tempo per lasciarsi, per separarsi, per decretare la fine di un amore: un tempo difficile, quasi impossibile da vivere con dignità, a qualunque età. Guai a sbagliare i tempi: si finisce a suonare la chitarra sulla spiaggia in frac e a dirigere un'orchestra sinfonica con le infradito.

Tutte le partiture musicali iniziano con una frazione: 4/4, 6/8, 2/2 e così via. Una frazione che indica il tempo dentro cui bisogna suonare, cantare, ballare, e ogni elemento dell'orchestra, ogni solista deve tenerne conto, per suonare insieme con gli altri. L'orchestra è una buona metafora per la politica e per la civiltà sociale, forse più della metafora calcistica. Cantava Jannacci: «Chi non sa stare al tempo, prego, andare». Certo, un po' di slittamento, di andamento sincopato non guasta mai: attenti però a esprimersi dentro il tempo stabilito. Chi va fuori tempo a volte si crede artista trasgressivo, ma spesso è solo un somaro.

Contemporanea. È un aggettivo che dagli anni Sessanta ha fatto da padrone nelle sale da concerto e ancora oggi ha un suo residuo peso specifico. Molti compositori colti, d'accademia, amavano definire la propria musica *contemporanea* perché risultava più avanti dell'attributo *moderna*. Naturalmente erano definizioni che gli stessi compositori davano di sé: «Sono un compositore che fa musica contemporanea». Era difficile per me digerire il concetto, anche se rispettosamente lo accettavo. Perché Henri Pousseur era contemporaneo e Leonard Bernstein no? Perché Iannis Xenakis sì e Dmitrij Šostakovič no? Perché Luigi Nono sì e Renato Carosone no? Possono sembrare provocazioni, ma lo sono meno di quel che appare.

L'aggettivo *contemporaneo* è un aggettivo di per sé insignificante se riferito a un singolo soggetto: un gesto contemporaneo non si sa che cosa sia se non si specifica di che cosa sia contemporaneo o di chi. Nel 1959 sono stati pubblicati *Diario polacco '58* di Luigi Nono, *Kind of Blue* di Miles Davis, *Piove* di Domenico Modugno: tutti brani contemporanei. Come contemporanei sono *Summit* di Astor Piazzolla e Jerry Mulligan, *Inori* di Karlheinz Stockhausen, *Sheer Heart Attack* dei Queen e *Aggiungi un posto a tavola* di Armando Trovajoli, tutti del 1974. Ma, evidentemente, l'attributo *contemporanea* usato per la musica egemone nelle accademie di quegli anni significava un'altra cosa: non una nozione temporale, bensì una nozione stilistica. Una musica si definiva contemporanea se scritta in un certo linguaggio, rigorosamente atonale, non memorizzabile, con un ritmo non individuabile e soprattutto nient'affatto comunicativo: spicciativamente detto *d'avanguardia*. Se obiettavi che quelle musiche non avevano nessun effetto sul pubblico, la risposta corrente era: «È musica che precorre i tempi, ci vorranno degli anni perché il pubblico la capisca, non è comprensibile dai contemporanei»; strano, pensavo, per una musica che si definisce contemporanea. Purtroppo, per molte di quelle opere contemporanee il tempo è stato inclemente: se al loro apparire potevano suscitare qualche clamore, qualche curiosità, a distanza di anni mostrano la loro intima inutilità espressiva. Trascorso qualche decennio, ho riascoltato uno di quei brani che nei Settanta si consideravano capolavori incompresi, anzi, capolavori proprio perché incompresi; una di quelle partiture di cui si diceva che ci sarebbero voluti anni perché potessero essere comprese. Ebbene, gli anni sono passati, e quella composizione ora mi sembra soltanto un ingenuo pezzo da rigattiere. Il ricatto dell'arte comprensibile ai posteri non funziona più: il tempo è scaduto. E i posteri danno più ascolto a Britten che a La Monte Young, più a Morricone che a Donatoni.

Proprio Ennio Morricone mi racconta di una serata esilarante e drammatica insieme. Un bel po' di anni fa, il maestro era entrato a far parte dell'associazione Nuova Consonanza, un gruppo di ricerca sperimentale radicale che gli spiritosi definivano «d'avanguardia hardcore». Dedicavano ore a uno studio serissimo e approfondito volto a sperimentare improvvisazioni – rigorosamente atonali – e a progettare brani aleatori. «Quando poi affrontavamo un'esecuzione dal vivo,» mi precisa Morricone «ci accordavamo prima se eseguire "la lunga" o "la corta", dopodiché ci coordinavamo su quella durata.»

Una sera era stato organizzato un concerto a Villa Medici, a Roma. Il gruppo si esibiva in sestetto e la durata stabilita era di quaranta minuti circa. Dopo più di mezz'ora passata a soffiare e scuotere strumenti per cavarne suoni e rumori inediti (affidati al caso detto *alea*), accadde che il pianista Antonello Neri, preso da un improvviso guizzo, iniziò a improvvisare su moduli molto romantici, tonali, schumanniani, fra la sorpresa dei colleghi. Andava avanti a capo chino, senza ascoltare nessuno, «e non si fermava più», mi riferisce il maestro Morricone, il quale a un certo punto, nel tentativo di mettere fine a quella performance, staccò la tromba dalle labbra, si accostò al microfono e cominciò a sussurrare: «Baaaaaaastà», con un tono che a sentirlo raccontare oggi suona precisamente di colore avanguardistico-vintage. Morricone insisteva: «Baaaaaaastà», ma Neri continuava imperterrito. E allora un altro musicista si aggregò al sussurro del maestro con un «Bà-stà», e un altro ancora si unì a quel concertato di «Basta» con ritmi, toni e volumi differenti, un cicaleccio contrappuntato di «Bàstaaaaaa», «Bassssstà», «Ba[pausa] stà». Fino a riuscire a indurre al finale il pianoforte dall'andatura ottocentesca.

Fu una delle performance di maggior successo del gruppo, fra le più gradite dal pubblico. «Però fu il nostro ultimo concerto insieme» mi dice Morricone. «Quella sera capimmo che la nostra esperienza era conclusa. A ricordarlo, l'episodio è divertente, ma allora per noi fu un'esperienza tragica» chiosa con sguardo sulfureo il geniale maestro.

Un giorno del 1981 sono partito in treno per Venezia. Alla Fenice debuttava l'opera nuova di un celebrato compositore *contemporaneo*. Io ero – e sono – molto attratto dalla contemporaneità; mi attira la musica del mio tempo: anche quando mi fa soffrire o mi annoia, la curiosità è insopprimibile. Arrivato con netto anticipo, ho tutto il tempo di andare in teatro, comprare il programma di sala e spostarmi al caffè Florian di piazza San Marco per leggerlo con zelo. Con la musica in odore d'avanguardia è sempre bene studiare le note che la riguardano, penso, le note in cui spesso vengono esposte le intenzioni del compositore; e io lo facevo pur sapendo che poi nella musica, probabilmente, non ne avrei trovato tracce riconoscibili all'ascolto. Mentre l'orchestrina del Florian tira fuori gli strumenti, pronta ad attaccare romanze languido-turistico-italiote, mi concentro su quanto l'autore ha scritto a presentazione dell'opera. La sintesi del suo pensiero era più o meno questa: è vero che la musica nuova ha cancellato il concetto tradizionale di melodia, quello di armonia, quello di ritmo. Ma le dinamiche rimangono ancora presenti: il piano, il forte, il mezzo forte, il crescendo e così via. Io invece, sosteneva il compositore contemporaneo, voglio scrivere una partitura che cancelli il concetto di dinamica, per cui quando un gruppo di fiati suona forte, un altro suonerà piano, e viceversa; al *mezzo forte* di una fila di strumenti corrisponderà il *mezzo piano* di un'altra fila, e così via escogitando. Il risultato sarà un flusso di suono senza variazioni dinamiche.

Leggo e resto pensoso. Poi entro in teatro, e con grande attenzione assisto a quell'opera in prima esecuzione assoluta. Alla fine posso constatare che l'operazione linguistica dell'autore è riuscita in pieno: per quasi un'ora ho ascoltato una musica monotona, indecifrabile, indistinguibile. Se non avessi letto diligentemente il programma, non avrei mai capito che quella composizione inerte non era un errore, un lavoro mal riuscito, bensì il frutto di un processo intenzionalmente afasico: stando alle premesse, bisognava considerarlo un successo. Io però rimango tanto perplesso, e il capolavoro di Bartók *Il castello del Duca Barbablù*, in programma nella seconda parte, non mi basta per consolarmi. Uscito dal teatro in cerca di un po' di cibo, mi dirigo verso piazza San Marco. Dal Florian, in lontananza, giunge l'eco dell'orchestrina che, combinazione, sta suonando *Amarcord* di Nino Rota. Quelle note mi provocano un tuffo al cuore, una commozione inspiegata. E mi fanno riflettere su che cosa sia davvero per me la contemporaneità: è il cozzo estetico emotivo fra ciò che ho sentito dentro il teatro – eseguito da una sontuosa orchestra in frac – e ciò che sto sentendo in quel momento fuori del teatro – eseguito da musicisti che sbarcano il lunario in smoking lisi, ben inquadrati nel rango di dignitosa servitù, come i musicisti di corte del Settecento. Quell'urto stilistico: era quella la mia contemporaneità, la mia realtà di uomo del Novecento, schizofrenicamente piazzato fra un rigoroso sperimentalismo arido e il languore di un violino con troppo vibrato. Vivevo nel mio tempo, e ambedue quegli stadi espressivi mi appartenevano.

Pochi mesi dopo l'evento veneziano, mi ero ritrovato a una cena, a Firenze, accanto a Fedele d'Amico, che non considero soltanto un sommo musicologo ma soprattutto un grande *pensatore musicale*. Era un regalo-sorpresa che mi aveva fatto Mario Monicelli: lui era a Firenze per la regia del *Gianni Schicchi* di Puccini, e io lo avevo accompagnato, un po' per fargli da amichevole consigliere alle prove e un po' per curiosare nell'allestimento di un teatro lirico importante come quello del Maggio Fiorentino. Monicelli sapeva della devota ammirazione che avevo per D'Amico, sapeva anche che ne avevo una certa soggezione, e aveva brigato per farmi capitare seduto al suo fianco. Ero in grande imbarazzo e me ne stavo perlopiù in silenzio, ma quando ci fu l'opportunità di parlare direttamente al professore mi feci coraggio. Era passato poco tempo dall'avventura alla Fenice: ciò a cui avevo assistito mi era rimasto impresso – la lettura del programma di sala più che la rappresentazione – e ancora m'interrogavo sul progetto ideologico del celebrato compositore contemporaneo. Il professor D'Amico non ne era a conoscenza, dunque accantonai la timidezza e gli chiesi che cosa pensasse di quel programma estetico, di cui gli riferii: «Il concetto di melodia è stato distrutto da anni, così come quelli di armonia e di ritmo, ma la musica può progredire ancora, radendo al suolo il concetto di dinamica, cosa che il compositore ha fatto, lavorando per quattro anni a stendere una partitura che abbattesse la percezione di qualunque agogica».

L'avevo riassunto goffamente così, cercando di riportare al meglio il pensiero dell'autore.

Fedele d'Amico mi aveva guardato con un mezzo sorriso, neanche tanto stupito, per poi spiazzarmi con un commento caustico e ironico: «Ma non gliel'hanno detto a questi che la bomba atomica è già stata inventata?».

Avevo riso con garbo, trattenendo la risata fragorosa che mi esplodeva dentro. Nell'arco della stessa cena avevo poi avuto la gioia di condividere con lui l'amore per *Suor Angelica* di Puccini, un'opera che avevo sempre amato, ma di quell'amore mi ero spesso vergognato; l'obiezione: «Ma veramente ti piace quel fumettone da piagnisteo?» mi aveva più volte fatto sentire in colpa. A quella tavola invece, accanto a una delle più grandi menti della cultura musicale internazionale, potevo permettermi di esternare la mia passione per la piccola opera pucciniana. La mia commozione era autorizzata, e potevo anche accennare a fior di labbra l'aria «Senza mamma», pronto a obiettare a chi mi criticasse: «Mi piace, embe'? Piace anche al professor D'Amico».

Stecca. Ecco un'altra parola ricca di letture metaforiche. Già in termini musicali, *stecca* è mutuata dal gioco del biliardo: quando un giocatore, per errore, batte violentemente con la stecca sul fondo del tavolo sfregiando il tappeto verde, si dice che ha steccato. Per estensione, si dice che un tenore ha steccato quando sbaglia vistosamente l'acuto, o perché gli manca il fiato, o perché è stonato, o perché è rotto nel timbro. La stecca musicale, metafora di quella del biliardo, è a sua volta usata metaforicamente in estetica e in politica. È molto in voga la frase «Una stecca fuori del coro», slogan amato dai seguaci del pensiero individualista borghese. In questa metafora il coro viene assunto come gregge e la stecca come un atto trasgressivo meritorio, un gesto di cui vantarsi. Negli elogi di un celebre e discutibile giornalista del nostro tempo ho spesso sentito ripetere: «Quando tutti andavano a sinistra, lui andava a destra; quando tutti cominciavano ad andare a destra, allora lui andava a sinistra». Non mi sembra un criterio selettivo tanto apprezzabile. Come, secondo me, la stecca nel coro è solo una stecca, un errore, una brutta cosa. Certo, se il coro è un coro di nazisti, allora steccare è un gesto santo ed eroico. Ma se il coro canta una bella musica, se è intonato e va a tempo, chi stecca commette un errore. Un errore veniale, perdonabile. Ma se se ne vanta è uno stronzo.

L'illuminista logico totale
voleva trasformare in quanto *il* quale.
Quantizzò la bellezza di un sorriso
sommandone i millimetri del viso.
Confondeva la somma col totale.

La regia d'opera ovvero *Fàmola strana*

Nel film *To Rome with Love* Woody Allen recita la parte di un pensionato americano in visita a Roma; in passato ha lavorato nel mondo della musica classica ed è stato anche regista d'opera. In un dialogo dichiara di aver collezionato numerosi fiaschi perché si è sempre ritenuto un intellettuale «troppo avanti coi tempi»: aveva diretto un *Rigoletto* in cui i personaggi erano vestiti da grossi topi bianchi, e una *Tosca* dove tutti cantavano chiusi in una cabina telefonica. Alla fine assistiamo a un suo allestimento di *Pagliacci* di Ruggero Leoncavallo, con Canio che canta nudo sotto la doccia e di lì, goffamente, uccide Nedda e Silvio in una scena esilarante. Ma a risultare curioso è il fatto che lo stesso Allen, il quale nel film frusta con sarcasmo i vezzi ridicoli di certi registi di lirica, quando nel 2008 è stato invitato a dirigere un *Gianni Schicchi* al Dorothy Chandler Pavilion di Los Angeles – portato poi l'anno dopo al Festival dei Due Mondi di Spoleto – non si è sottratto alla trovata di ambientarlo nel 1946, nello stereotipo del nostro Meridione mafioso. Che cosa vorrà dire? Forse vuol dire che la tendenza alla stravaganza nell'affrontare i grandi titoli della lirica è una scorciatoia, una trappola fatale pronta a ingannare persino i migliori.

Il primo luogo comune di molte regie d'opera è la necessità, l'imperativo quasi, di collocare la storia in uno spazio e in un tempo diversi da quelli indicati dall'autore. Ho assistito a più di un *Gianni Schicchi* in cui i protagonisti, borghesemente abbigliati in stile anni Trenta, litigavano per l'eredità: ma non l'eredità di una villa, di un palazzo, di una fabbrica, bensì di una mula e di pochi mulini di Signa lasciati da Buoso Donati. È evidente che i conti non tornano: una mula, per una povera famiglia contadina del Duecento, aveva un valore differente che per una famiglia borghese del Novecento; valeva ben più di una Ferrari oggi. Tale considerazione non può non essere evidente per chiunque produca opere, quindi dev'essere un'altra la motivazione che presiede a queste regie.

Ho visto la traviata Violetta morire in una corsia d'ospedale, il pastorello della *Tosca* fumare spinelli con un amichetto, il figlio di Madama Butterfly mascherato da Mickey Mouse davanti a una Coca-Cola (palese denuncia dell'imperialismo americano). Ma chiariamo subito: non discuto la legittimità di certe operazioni culturali. Ricordo, anzi, un indimenticabile *Don Pasquale* con la regia di Gian Carlo Menotti in cui l'innamorato Ernesto intonava la lucente serenata «Com'è gentil la notte a mezzo april» su una moto col sidecar, con notevole effetto comico; ma lì i conti narrativi tornavano perfettamente. Così come ho goduto di un magnifico *Don Giovanni* nella scenografia spoglia e astratta di Peter Brook, dove la coerenza dell'allestimento era commovente. Non discuto, ripeto, la legittimità di talune operazioni; cerco solo delle risposte ad alcune domande. Una su tutte: perché nell'esecuzione delle partiture la filologia detta legge in modo assoluto, sì da far riaprire tagli che la tradizione aveva chiuso, tagli che a volte lo stesso autore aveva operato durante le prove o dopo la prima rappresentazione? Per quale motivo si rispettano puntigliosamente le indicazioni in partitura, talora a dispetto della teatralità dell'ascolto e della funzionalità sonora, ricorrendo a strumenti d'epoca anche quando sono poco intonati, andando a studiare le note e le dinamiche scritte di pugno dall'autore? E perché allora delle didascalie, anch'esse scritte di pugno dall'autore, ci disinteressiamo invece bellamente? Se un regista vuole che Cio-Cio-San offra Coca-Cola e non tè, perché non cambia le parole del libretto e non le fa cantare: «Suzuki, la Coca-Cola», anziché: «Suzuki, il tè»? Non lo fa perché verrebbe giudicato un blasfemo tradimento delle parole dell'autore. E allora che cosa ci fa sentire autorizzati ad ambientare, chessò, a Hyde Park l'ultima scena del *Rigoletto* benché Francesco Maria Piave e Verdi, in didascalia, abbiano scritto chiaramente che è collocata sulla «riva deserta del Mincio»?

Un altro *tópos* di certe invadenti regie d'opera è quello di brutalizzare il preludio, l'ouverture, il momento magico in cui il sipario è chiuso e il pubblico viene invitato a concentrarsi sulla musica che precorre la vicenda: l'orchestra in primo piano introduce coi soli suoni il racconto che di lì a poco, al levarsi del sipario, si popolerà di scenografie, costumi e voci. Un momento divenuto la vittima preferita di taluni registi, i quali lo riempiono di azioni mimiche, sfilate o *tableaux*, quasi sempre con una valenza metaforica estranea alla partitura che i musicisti stanno eseguendo.

Molte regie sembrano rispondere a un criterio estetico riassumibile con la celebre battuta: «Fàmolo strano!», che il coatto interpretato da Carlo Verdone lancia nel film *Viaggi di nozze* progettando performance erotiche con la fidanzata. L'idea che un regista ritenga che un'opera funzioni meglio se la *famo strana*, inseguendo la stravaganza a tutti i costi, è più che un sospetto. Viviamo in una civiltà che conserva i teatri d'opera come musei, che limita i suoi cartelloni a poco più di una ventina di titoli, per la maggior parte antecedenti al 1930, e non si occupa di produrne di nuovi da far entrare in repertorio. Le novità sono spesso annunciate come «prime esecuzioni assolute», ma a volte si tratta di prime e ultime esecuzioni assolute, e altre volte le esecuzioni seguenti sono solo due o tre, così che dopo pochi anni ne svanisce il ricordo. E io mi chiedo perché non ho la possibilità di rivedere sul palcoscenico la *Napoli milionaria* di Nino Rota su libretto di Eduardo De Filippo. Qualcuno dice: «Perché era brutta», qualcun altro sottolinea che fu stroncata da certi critici, ma non sono risposte convincenti.

Con una ventina di titoli appena, il teatro lirico attira folle in tutto il mondo da decenni, perciò penso che senta pure il bisogno di rinnovarsi in qualche modo. E non potendo rinnovarsi nell'arrosto, cerca di rinnovarsi nel fumo: la musica è la stessa, cambia l'arredamento. Se proprio dobbiamo mettere in scena l'ennesimo *Trovatore*, allora *fàmolo strano*: chiamiamo un regista eccentrico che viene dal cinema o dalla musica leggera, uno che magari non ha mai messo piede in un teatro d'opera neanche come spettatore, e che però abbia la fantasia di trasformare Manrico in un disc-jockey e Leonora in una cubista. Sembrano battute paradossali, invece basta tornare con la memoria al 1984, quando l'inglese Ken Russell fu invitato a dirigere *La bohème* di Puccini allo Sferisterio di Macerata, protagonisti Cecilia Gasdia e Nazzareno Antinori. Narrano le cronache che i quattro atti erano situati in quattro epoche diverse. Il terzo si svolgeva nella Parigi occupata dai nazisti, dove Rodolfo era un partigiano e Marcello un collaborazionista che dipingeva le immagini di Hitler e di Eva Braun sulla facciata dell'osteria alla Barrière d'Enfer. Il quarto atto era ambientato nello studio di un fotografo di moda; Mimì e Musetta arrivavano a bordo di una Renault e alla fine Mimì moriva per un'overdose di eroina, mentre al piano di sopra si teneva un défilé di pellicce Fendi.

Per la gioia di Ken Russell, ci fu un bel po' di rumore intorno alla rappresentazione, rumore che gli organizzatori amavano definire «un finimondo», crogiolandosi nel clamore mediatico che avevano provocato. Persino gli eredi di Puccini si erano risentiti, e avevano minacciato di ricorrere alle vie legali per leso diritto morale. Il baritono Giuseppe Zecchillo aveva addirittura scritto al ministro dello Spettacolo per dire quanto egli si sentisse «disorientato da questi esperimenti che tendono a distruggere non solo i nostri capolavori musicali, ma anche le nostre gloriose istituzioni teatrali». Mi sarebbe piaciuto rassicurare lo scandalizzato Zecchillo dicendogli che i capolavori musicali non possono essere distrutti, cosa che, al contrario, accade alle opere architettoniche quando vengono deturpate, alle sculture imbrattate, ai quadri sgarrati. La messinscena di un melodramma, per brutta, ridicola o banale che sia, lascia comunque intatto l'originale. Un regista vanitoso che ambienta *Norma* in Kosovo o *Lohengrin* da Ikea non distrugge un capolavoro, al più ci distruggerà una serata, ma le partiture originali restano ben custodite e inossidabili, con tanto di didascalie per l'allestimento.

Comunque, grazie allo scalpore suscitato, quella *Bohème* di Macerata segnò un buon successo e, fatto salvo qualche folcloristico fischio durante la prima, le repliche fecero il tutto esaurito e molto pubblico accorse per assistere allo «scandalo». Mi era capitato di ascoltare l'intervista radiofonica a un organizzatore del teatro (forse il sovrintendente, o forse addirittura il sindaco), il quale, alla domanda se fosse giusto violentare in tale maniera le opere di Puccini, con un simpatico accento marchigiano aveva risposto all'incirca così: «Se è giusto non lo so, ma per tanti anni le opere le abbiamo fatte normali e la stampa non ci ha considerati proprio. Ora che *La bohème* l'abbiamo violentata, siete venuti tutti qui!». Il sincero funzionario aveva colto nel segno. L'episodio, infatti, rivela come la cultura italiana, e forse non solo italiana, si sia sintonizzata sui tempi, spostandosi dal concetto di cultura al concetto di visibilità. Chi organizza spettacoli ha bisogno innanzitutto di visibilità. E ne ha bisogno anche chi mette in scena un'opera di repertorio, e spesso la cerca a ogni costo. Nel caso di un regista di lirica, poi, c'è in più la difficoltà di risultare visibile all'interno di uno spettacolo di cui non è autore in nessun senso: non ne ha scritto la musica né il libretto, né il soggetto originale; non suona, non dirige, non canta, non danza, e allora per calamitare l'attenzione su di sé fiuta la strada più facile: spararla grossa. Peraltro gli allestimenti esuberanti non richiedono competenza in materia di teatro musicale: si possono realizzare a furia di stravaganze sceniche senza approfondire il testo. Facendo prevalere l'interpretazione metaforica sul racconto, tutto diventa più semplice. Anche gli incontri con la stampa sono noiosi se l'intervistato non può parlare di trasposizioni vistose: «Temo reazioni scandalizzate e chiassose del pubblico conservatore», afferma; ma in realtà, anziché «temo», dovrebbe dire «spero». Un buon allestimento rispettoso dell'opera e dell'autore corre invece il rischio di passare inosservato.

La prima volta che Ken Russell fu chiamato a dirigere un'opera lirica era stata nel 1983, in occasione della messinscena di *Madama Butterfly* a Spoleto. In un'intervista rilasciata anni dopo, aveva dichiarato in proposito: «Quando mi hanno offerto quella regia, della *Butterfly* conoscevo solo "Un bel dì vedremo", come tutti», confermandoci quanto fosse serenamente digiuno di teatro lirico; *Madama Butterfly* è molto più celebre e popolare dei film di Ken Russell, e dal 1904 milioni di persone si commuovono al duetto «Bimba dagli occhi pieni di malia». Aveva proseguito Russell nell'intervista: «Poi, leggendo l'inizio del libretto, ho avuto l'ispirazione. C'era scritto: "A Nagasaki, epoca presente". Nagasaki! La città dove è scoppiata la seconda bomba atomica della storia». A quel punto il gioco era fatto e la regia risolta: individuare nel *fil di fumo* atteso da Cio-Cio-San la bomba atomica sganciata dagli imperialisti americani nel 1945 fu passo breve. Certo, il fil di fumo di Nagasaki non era proprio un filo, ma la licenza poetica è spesso un buon grimaldello. Mi veniva voglia di zittire lo zuzzurellone Russell con la frase del sacrestano di *Tosca*: «Scherza coi fanti e lascia stare i santi».

A dirla tutta, poi, la trovata di metaforizzare il *fil di fumo* della *Butterfly* con l'esplosione atomica di Nagasaki non era proprio originale: l'aveva avuta poco tempo prima il regista italiano Melo Freni.

Ho assistito a un *Oro del Reno* diretto da Zubin Mehta al Comunale di Firenze, con l'allestimento della Fura dels Baus. La scena somigliava a un'enorme PlayStation, dove le Ondine galleggiavano su cubi di plexiglas sospesi in aria e Wotan cantava dall'alto di un dolly cinematografico. Un'edizione molto suggestiva, con scene da *Signore degli anelli* e cambi quadro da luna park. L'occhio non si stancava mai di guardare e di farsi stupire dalla fantasia sfrenata della geniale compagnia barcellonese. Soltanto che tutto ciò, per la mia sensibilità, c'entrava poco e niente con la favola wagneriana, mi distraeva in modo incontrollabile dall'ascolto delle bellezze sonore che Mehta faceva volare dal golfo mistico, faticavo a seguire la trama e di conseguenza il lavoro musicale a essa indissolubilmente legato (in Wagner forse come in nessun altro). Nel foyer si aggirava un signore anziano dai capelli bianchissimi, appassionato e anche esperto d'opera, frequentatore antico del Comunale, scioccato dalla *rivoluzionaria* rappresentazione. Avendomi visto fare capannello con alcuni amici con cui commentavo quel Wagner rivisitato, si era avvicinato per domandarmi: «Ma perché fanno questo?». Gli avevo risposto che quello della Fura dels Baus era secondo me un lavoro di grande fascino, che aveva incantato la platea e il loggione pieno di giovani; ma che, sempre secondo me, era un'operazione che viaggiava per conto proprio, in un rapporto occasionale con il libretto e soprattutto con la partitura. L'anziano signore continuava a mantenere sul viso un'evidente perplessità, e allora avevo provato a spiegargliela così: lei, professore (lo chiamai professore, ne aveva l'aria), ha forse l'età per ricordare i tempi dei cantanti cosiddetti tromboni. Io invece ne ho solo sentito parlare e ne ho ascoltato qualche testimonianza registrata. Erano tenori egocentrici che eseguivano le arie alla ribalta, puntavano sull'acuto e non badavano al rispetto della partitura; insomma, usavano l'opera per esibire la propria gigioneria, frapponendosi tra il pubblico e l'autore. I tenori di oggi sono più corretti, più professionali, più rispettosi del testo, e il ruolo di quei tromboni, ai nostri giorni, l'hanno assunto i registi, che si frappongono gigionescamente tra noi e l'opera per esibire la loro invadente rilettura. *Rileggere* è per essi un'abitudine, anche quando dichiarano di non aver mai *letto* prima l'opera che è stata loro proposta. Le frasi emblematiche sono: «Non faccio mica il solito *Lohengrin* col cigno, o *Il trovatore* con le faville nel campo degli zingari, o *Turandot* con le cineserie». È finita l'era dei tromboni, questa è l'era dei registi.

«Capisco» aveva sospirato il professore, ma la perplessità gli era rimasta stampata in faccia. Alla fine del terzo atto l'avevo incrociato di nuovo, e lui aveva innocentemente chiosato: «Preferivo i tenori tromboni».

Anche nella prosa vige l'abitudine registica della rivisitazione («Non faccio mica il solito Amleto col teschio in mano»), pure se destinata a un pubblico di studenti che viene chiamato a ri-visitare senza aver mai avuto prima l'occasione di visitare. Ma nella prosa il regista ha facoltà di intervenire sul testo, tagliarlo, modificarlo, manipolarlo inserendovi pezzi di altri autori: Čechov con interpolazioni beckettiane, Shakespeare con innesti di sceneggiate napoletane, Sofocle con inserti di Lacan. Nella lirica invece, come abbiamo detto, il libretto è sacro, intoccabile. E poi, ripensando al solito Amleto col teschio in mano, mi rendo conto che, nella mia lunga carriera di spettatore teatrale, un Amleto col teschio in mano io non l'ho mai visto, se non nelle vignette della *Settimana Enigmistica.* E credo che persino il solito *Lohengrin* col solito cigno sia difficile da incontrare nei teatri di alto livello: ne rammento uno alla Bayerische Staatsoper di Monaco, in una bella edizione musicale diretta da Kent Nagano con Jonas Kaufmann nel ruolo del titolo, in cui il nostro eroe si sposava con Elsa di Brabante in un ufficio comunale mentre gli invitati riprendevano le nozze con le videocamere; gli sposini finivano poi nel letto coniugale in una stanzetta arredata in stile Ikea. Del cigno non c'era in giro traccia.

Negli anni, ho sviluppato una speciale antipatia per certe operazioni registiche. Magari sono interessanti, per carità; ma cerco di evitarle. E così, se ne viene offerta l'occasione, preferisco godermi qualche rappresentazione d'opera in forma di concerto, senza scene, senza costumi e senza rischi di rivisitazioni. Fra i ricordi più belli di tali esecuzioni a cui ho avuto la possibilità di presenziare a Roma, mi porto una lontana *Bohème* diretta da Leonard Bernstein, all'Auditorium della Conciliazione; e un magnifico *Sigfrido* al Teatro dell'Opera, privo di scenografie forse a causa di un benedetto sciopero.

Nel 2013 mi sono imbattuto in un altro *Oro del Reno*, all'Auditorium Parco della Musica della capitale. Era un'edizione appunto in forma di concerto, con i sovratitoli che aiutavano nella comprensione della storia quanti come me non sanno il tedesco. Negli intermezzi strumentali era possibile leggere anche le didascalie scritte di pugno da Wagner, e si potevano così immaginare le scene tratteggiate dall'autore.

> Sul fondo del Reno. Chiarore verdastro, più luminoso sopra, più scuro in basso. Occupano tutta la parte alta acque fluttuanti che scorrono senza sosta verso sinistra. Nel profondo i flutti si dissolvono in nebbiosa umidità sempre più sottile, in modo che lo spazio, a cominciare dal fondo e per l'altezza d'un uomo, sembra completamente libero dall'acqua, che sopra il fondo tenebroso scorre via come in banchi di nubi. Dappertutto si ergono dalla profondità irte scogliere, le quali segnano lo spazio della scena. Tutto il suolo è un frantumato groviglio di punte, sì che in nessun luogo è completamente piano e fa supporre giù in ogni parte più profonde voragini in densissima tenebra.

Era facile, sul celebre pedale di mi bemolle, figurarsi il disegno della grande favola wagneriana. Poi:

> Il vapore di zolfo si oscura fino a diventare una nerissima nube, che sale dal basso in alto; poi essa si muta in una

> solida, buia spaccatura di roccia che continuamente si muove verso l'alto, in modo da dare l'impressione che la scena scenda sempre più profondamente giù nella terra. Alla fine da diverse parti lontane si espande un chiarore rosso scuro: e per ogni dove risuona un crescente frastuono, come un lavoro di fabbri. Il rumore delle incudini si sperde. Senza che se ne veda il fondo, appare un enorme antro sotterraneo che da lì in ogni direzione sembra sboccare in stretti pozzi.

La storia procedeva incalzante al suono delle incudini percosse da otto professori d'orchestra disciplinati come Nibelunghi, che ritmavano la discesa di Wotan e Loge nel regno sotterraneo. La compagine sinfonica mandava per la sala realizzata da Renzo Piano suoni curati, dettagliati e trasparenti, le didascalie che leggevo mi mettevano in condizione di far scorrere nella mente immagini grandiose rinforzate dalla musica infallibile e ben più che descrittiva. Ma soprattutto non avevo il timore che da un momento all'altro un regista, per stupirmi e distrarmi, facesse spuntare i Nibelunghi vestiti da punkabbestia o le Valchirie in sella alle Harley-Davidson. E così la serata era trascorsa bella ed emozionante, davanti a un centinaio fra cantanti e strumentisti che officiavano il rito maestoso.

Certo, quando si rappresenta un'opera in forma di concerto qualcosa si perde. Anzi, direi che si perde molto dell'anima teatrale per la quale gli autori l'hanno composta. Nell'intervallo di un entusiasmante *Guglielmo Tell* durante la stagione di Santa Cecilia del 2010, mio figlio Rocco, allora ventitreenne neofita di musica sinfonica, ma molto colpito da quell'esecuzione rossiniana senza scene né costumi, aveva commentato: «Be', a vedere il tiro con la balestra, e la mela sulla testa del figlio Jemmy che salta per aria, dev'essere ancora più bello!»

«Senz'altro» avevo risposto. Poi ci avevo pensato bene e avevo aggiunto: «Ma bisogna essere sicuri di incappare in un regista che mette in scena la balestra e la mela. Perché se invece ci imbattiamo in un'edizione di belle pensate, in cui Guglielmo spara col kalashnikov e Jemmy ha sulla testa, anziché la mela, un iPad della Apple – capito la metafora? Mela/Apple – allora è meglio immaginarselo solo ascoltando la musica».

La passione per le esecuzioni d'opera in forma di concerto mi deriva forse dalla maturazione come ascoltatore radiofonico. Il primo *Rigoletto* l'ho sentito alla radio, in diretta dal Teatro dell'Opera di Roma. Asserragliato nel salotto di casa, seguivo musica e parole a occhi chiusi, e siccome non disponevo del libretto, dovevo rimanere concentratissimo per comprendere la vicenda. Nell'udire il baritono cantare «Veglia, o donna, questo fiore» mi aveva colto un brivido ed ero sprofondato in un clima trasognato, interrotto però da una voce che aveva strillato dall'altra stanza: «E abbassa 'sto miserere!».

La radio, soprattutto il Terzo Programma poi divenuto Radio 3, è stata il mio mentore. Con la guida del *Radiocorriere*, lusso settimanale che mia madre si concedeva, potevo studiare con attenzione le pagine, scritte fitte fitte, delle trasmissioni di classica. Possedevo un rudimentale registratore Geloso, con quattro tasti di colori diversi: rosso-registra, verde-ascolta, giallo-riavvolgi, nero-stop.

Avevo smontato una delle radio a valvole di mia madre, avevo fissato ai fili dell'altoparlante due «coccodrilli» – le pinzette metalliche comprate dall'elettricista – e ci avevo agganciato un cavo elettrico a due poli, che all'altra estremità avevo saldato a un jack che inserivo nell'ingresso microfonico del mio eroico Geloso. Questo marchingegno autarchico mi permetteva di incidere direttamente dall'apparecchio, senza che interferissero rumori ambientali. Se avessi posseduto nastrini a volontà, avrei voracemente messo su una ricca e preziosa nastroteca; ma ne avevo solo due, utilizzabili su entrambi i lati, perciò potevo conservare appena quattro titoli. Così avevo dovuto supplire con la memoria: registravo il *Concerto per pianoforte* in la minore di Grieg e subito lo riascoltavo decine di volte. E quando mi era entrato bene nella testa e nel cuore, lo cancellavo facendoci finire sopra l'*Incompiuta* di Schubert, che presto avrebbe ceduto il posto alla *Nona sinfonia* di Dvořák (che allora era la *Quinta*) e via registrando. La rilevanza delle composizioni da sentire la desumevo dalla frequenza con cui venivano annunciate sul *Radiocorriere*. Il criterio era creaturale: se questa *Jupiter* la trasmettono tante volte, vuol dire che è importante e da conoscere.

Sarà anche per gratitudine, ma ancora oggi la radio accompagna buona parte del mio tempo e dei miei viaggi, e quando mi sveglio in una camera d'albergo, in una città che spesso non ricordo subito quale sia, mi piace accendere l'iPad, sintonizzarmi su Radio 3 e ascoltare le lezioni di musica sui quartetti di Beethoven, i madrigali di Monteverdi, i Lieder di Schubert. O sentire Valentina Lo Surdo che mi segnala il brano di un autore che non conosco, in uno stile che non conosco e non avrei nemmeno immaginato. Un brano magari sorprendente, che mi inietta quella dose di curiosità musicale che mi fa cominciare bene la giornata.

Il regista trasgressista
s'è convinto ch'è un artista
ha distrutto la Lucia
ma ha griffato la regia
il regista narcisista.

A Dream Is a Wish Your Heart Makes
(Cenerentola)

Una notte ho fatto un sogno. Andavo a esibirmi in un bel teatro della bella provincia italiana, con il tutto esaurito al botteghino, che è sempre una notizia gradevole quando si arriva su piazza. Mi informo con il direttore riguardo al pianoforte, e lui mi rassicura: è un ottimo Steinway di appena sette anni, ben tenuto, ben accordato, che non ha mai viaggiato né suonato all'aperto, quindi non ha sofferto umidità e sbalzi di temperatura. L'ideale.

Non ho mai avuto predilezione per un pianoforte in particolare, ma quando devo suonare in qualche posto nuovo chiedo ai miei collaboratori di verificare che lo strumento sia di buona qualità: Steinway, Yamaha o, quando è possibile, Fazioli. Gli Steinway che si trovano in giro per i teatri a volte sono vecchi e mal tenuti, perché i noleggiatori approfittano dell'araldica del marchio. Per non parlare dei gloriosi Bösendorfer e Bechstein, conservati come cimeli, rispettabili per il nome ma non per la qualità.

«Il pianoforte è ottimo, maestro, glielo assicuro» insiste nel sogno il direttore del teatro. «Se però lo vuole provare deve farlo subito, perché il pubblico sta per entrare.» Sento arrivare un bel suono dal palco, supero le quinte, saluto l'accordatore e piombo nell'incubo. Il pianoforte era uno Steinway perfetto, ma aveva una particolarità imprevedibile che scopro con orrore: era bianco latte, come quelli di Liberace o quelli che si vedono a bordo piscina nei matrimoni lussuosi.

Mi sono svegliato sudato, respirando a malapena, e dopo essermi lentamente ripreso ho pensato: chissà perché mi darebbe tanto fastidio un pianoforte bianco? Non lo so, dovrei indagare, e mi piacerebbe che uno psicoanalista mi spiegasse come mai il pianoforte bianco mi dia un invincibile senso del ridicolo; mi sembra una bestemmia nei confronti di questo magnifico strumento nato dall'idea di un'arpa rovesciata, asimmetrico con la sua ansa dolce. Quel capolavoro di antico artigianato sapiente e di modernissime tecnologie industriali io riesco a concepirlo solo nero, lucido o opaco, ma nero. La mattina stessa ho chiamato la mia preziosa organizzatrice chiedendole di aggiungere una clausola nei contratti futuri: il pianoforte dovrà essere indiscutibilmente nero. Quel sogno mi aveva impaurito.

Sono innamorato del pianoforte, mio principale arnese di lavoro, ma non ho il mito dello strumento perfetto, unico, il feticismo verso l'oggetto che, a quanto sento e leggo, è molto diffuso fra i musicisti. Forse perché non sono un vero pianista esecutore, uso il piano principalmente per comporre, come una macchina per scrivere, con il foglio pentagrammato sul leggio, la matita in bocca e la gomma sulla tastiera. Quando poi devo allenarmi in vista di un concerto o per un set in sala di registrazione, mi piace studiare sul mio Fazioli, strumento scelto con cura, amato, ma, più che amato, stimato. E mi fa piacere che uno dei migliori pianoforti prodotti ai nostri giorni si fabbrichi in Italia, la terra di Bartolomeo Cristofori, colui che alla fine del Seicento l'ha inventato.

Le storie che si raccontano intorno a questa invenzione hanno un'attendibilità fragile, ma sono significative. Il clavicembalo era all'epoca lo strumento a tastiera egemone, prima che l'avvento del pianoforte lo facesse tramontare. Ma forse, a quanto si tramanda, non tanto rapidamente. All'annuncio della creazione di Cristofori, molti artigiani si erano subito dedicati alla costruzione del *gravicembalo col piano e col forte*, che era già un pianoforte a tutti gli effetti, antenato grezzo dei nostri smaglianti gran coda. Era lo strumento che avrebbe condizionato l'evoluzione delle forme musicali, contribuendo in modo determinante allo sviluppo della più potente invenzione strutturale della musica moderna: la forma sonata. Poco dopo, però, molti di quegli artigiani, delusi dallo scarso successo della novità, riconvertirono i loro *clavicembali piano-forte* in clavicembali classici, all'antica, con argomenti da misoneisti che posso immaginare.

«Ma vuoi mettere i bei clavicembali di una volta?»

«Chi lascia la via vecchia per la nuova...»

«Torniamo all'antico e sarà un progresso!»

Quest'ultima è l'asserzione che più ricorre quando si sostiene una decisione conservatrice o reazionaria. È di sicuro una frase di Giuseppe Verdi, riportata da Francesco Florimo. Quello che non è sicuro è a che cosa si riferisse. Pare che Verdi l'avesse pronunciata parlando della posizione dei contrabbassi: a sinistra o a destra dell'orchestra? E che, dopo averli provati a sinistra, avesse commentato: «Meglio spostarli di nuovo a destra: torniamo all'antico, sarà un progresso». Ma gli aneddoti vanno presi con riservata leggerezza, e dunque è meglio non sovraccaricare di sentenziosità questa citazione che ha assunto un valore così popolarmente metaforico.

Insomma, all'inizio il *clavicembalo piano-forte* incontrò la diffidenza di chi detesta il nuovo, sempre pronto ad azzannare qualunque novità tecnologica: telefoni, computer, social network, ebook, treno, penna stilografica (Rossini odiava i treni, contro la penna stilografica si scagliò Eduardo De Filippo, e ci fu addirittura chi, nel III secolo d.C., se la prese con la pergamena, perché la lettura doveva profumare di cera come le tavolette usate fino ad allora; concetto poi ripreso da Oliver Sacks contro gli ebook, colpevoli di non odorare di carta). Il microfono, per esempio, sta avanzando inesorabilmente nell'uso teatrale, suscitando la diffidenza, spesso giustificata, di critici e interpreti. Esso è guardato con speciale fastidio dagli attori di formazione classica, che sanno portare la voce e farsi intendere fino al loggione; e che vivono la comparsa di questo supporto tecnologico come un imbroglio, un doping, la metafora di un Viagra che avvilisce la virilità vocale: «Entravo dal fondo, a Siracusa, senza microfono, e si sentiva tutto!». Quando la tecnica arricchisce l'arte di un nuovo mezzo, il nostro compito non dovrebbe stare nell'accettarlo o rifiutarlo, ma nello studiarlo. Le potenzialità degli impianti fonici andrebbero analizzate dagli artisti per essere usate creativamente (Carmelo Bene è stato pioniere in materia, e so che anche Luca Ronconi ci si dedica con attenzione). Mi capita di frequentare teatri dove l'uso dei microfoni è così scellerato da far soffrire le orecchie per il volume, dove gli altoparlanti sono piazzati con scriteriata casualità, così da non far più recepire la fonte sonora, da uccidere lo spazio scenico: in una compagnia con più personaggi microfonati in scena, è difficile capire chi stia parlando e da quale punto. Ma ci sono anche esempi di uso teatralmente eccellente di questo mezzo ancora tutto da scoprire. Le nuove tecnologie non devono uccidere l'essenza, l'anima del linguaggio teatrale, il rapporto fisico dello spazio visivo e sonoro: è uno studio che richiede arte e competenza, e ha un largo campo di intervento che va molto al di là dell'amplificazione generica, cioè dell'uso indifferenziato di radiomicrofoni che sfregiano come una cicatrice la guancia dell'attore e bombardano lo spettatore di un suono arrogante e indifferenziato, che sembra provenire da una gigantesca radio. L'altro aspetto negativo dell'uso dei microfoni è che induce spesso gli attori a non preoccuparsi più del volume, a non «portare» la voce, ad agire cioè in modo antiteatrale, e di questa pericolosa deriva dovranno occuparsi i registi.

Torniamo all'epoca di Bartolomeo Cristofori, quando molti artigiani preferirono rifugiarsi nel clavicembalo classico. Nell'arco di qualche decennio, però, il pianoforte trionfò. La differenza tecnica fra i due strumenti è in apparenza piccola: in uno la corda viene pizzicata da un plettro, da un pennino; nell'altro la corda è percossa da un martelletto. Questo fa sì che il suono del primo risulti sempre identico nel volume e nel colore, mentre nel *piano-forte* o *forte-piano*, come si chiamava all'inizio, il volume del suono dipende dalla pressione delle dita, permette cioè a chi esegue di dare un peso diverso a ognuna delle note. Ho messo le mani su clavicembali anche pregiati, ma al di là della suggestione timbrica, dell'effetto *antichevole* che ti fa sembrare di suonare con la parrucca (che ha pure il suo fascino), il sentimento più acuto che provo nel suonare quello strumento è la frustrazione: picchi sui tasti e il suono rimane identico, impassibile ai tuoi sforzi, come se procedesse da solo o non volesse obbedire all'esecutore; il fraseggio è meccanico, simile a quello di certi pianoforti elettrici amatoriali con la tastiera non «pesata». Mi viene in mente che cosa diceva Thomas Beecham: «Il suono del clavicembalo è come quello di due scheletri che copulano su un tetto di lamiera».

Ho ascoltato delle magnifiche registrazioni bachiane eseguite su clavicembali d'epoca, alcune folgoranti come quelle di Christopher Hogwood, riproduzioni che hanno un tono aspro, barbarico, robusto, frutto anche di una creativa presa sonora con microfoni ben piazzati (altro che filologia). Le versioni clavicembalistiche del repertorio di Bach o di Scarlatti ci fanno scoprire lati sconvolgenti di quelle musiche. Ma, sarà una mia debolezza, trovo inarrivabili i capolavori bachiani eseguiti su Steinway da Martha Argerich, Hélène Grimaud o Glenn Gould. Gould aveva una passione enorme per il pianoforte gran coda; o meglio, per il gran coda Steinway; meglio ancora, per il suo personale gran coda Steinway CD 318, che si portava dietro nei concerti come un violinista con lo Stradivari. Lo amava come si ama una persona, un'amante, una madre, alla quale si perdonano anche i difetti, perché, a quanto risulta dalle testimonianze, il suo CD 318 di difetti doveva averne parecchi. Glenn

Gould è stato un pianista sommo, come testimonia chi l'ha ascoltato dal vivo e come possiamo immaginare dalle siderali registrazioni che ha lasciato. Ma è stato pure quello che oggi chiamiamo «un mito», un personaggio la cui fama travalica il valore intrinseco dell'arte per sedurre ed entusiasmare persino folle di profani: Callas, Coppi e Maradona sono divinità anche per chi non sa di lirica, di ciclismo e di calcio. I parrocchiani della mitologia gouldiana sono incoraggiati dai tanti aneddoti che circolano su di lui e li riferiscono con ammirazione stupefatta. Come fa Katie Hafner nel suo *Glenn Gould e la ricerca del pianoforte perfetto*, in cui racconta tutti i tic che, secondo il Gould-fan-club, dovrebbero accrescere nel nostro giudizio la statura dell'artista canadese: «Pensate, era talmente ipocondriaco che se uno tossiva al telefono lui dall'altra parte della cornetta chiudeva la linea, per paura dei bacilli». Oppure: «D'estate, in piena calura, genialmente vestiva col cappotto e coi guanti». Nientemeno. La Hafner narra addirittura di un concerto della pianista ungherese Mary Kenedi a Ottawa, dopo la morte di Gould, in memoria di Gould, sul pianoforte di Gould, ma in un repertorio che Gould non amava per niente: Liszt, Kodály e Bartók. Mentre la Kenedi suonava, il mitico e malandato CD 318, riportato in scena per l'occasione, aveva preso a scivolare sul palco. Evidentemente i macchinisti non lo avevano fissato bene, sono cose che possono accadere e sono accadute a molti; ma i fan di Gould, Hafner compresa, si erano convinti che l'amato strumento avesse tentato intenzionalmente di scivolare «più o meno verso ovest, cioè verso Toronto», città natale del Nostro, per cercare di sottrarsi agli autori previsti in un programma così poco gouldiano. Come si dice di fronte a certi entusiasmi, basta crederci.

Gould aveva un attaccamento quasi patologico al suo Steinway, un marchio che già all'epoca dominava la scena della musica classica, e la Hafner, nel descriverci il rapporto fra l'artista e Verne Edquist, suo accordatore personale, ci racconta come i pianoforti Steinway, indubbiamente fra i migliori della storia, debbano la loro fama universale non solo alla qualità, ma anche a un'astuta e lungimirante politica di immagine. Henry Steinway aveva intuito che bisognava convincere i più celebri concertisti a suonare in pubblico i suoi strumenti, col marchio ben in vista: era l'unico modo per battere la concorrenza di Chickering & Sons, Mason & Hamlin, Baldwin Piano Company. Spedì persino un pianoforte da New York in Ungheria a Franz Liszt, il quale però dette buca: non lo suonò mai. Ma la famiglia Steinway non mollò, e nel 1872 il giovane William mise a segno il colpo Anton Rubinštejn: il famoso pianista russo fu convinto a esibirsi in duecentoquindici concerti negli Stati Uniti, suonando su strumenti Steinway. E così la fabbrica newyorchese divenne la numero uno, e lo Steinway «il miglior pianoforte del mondo»: pure per gli strumenti, come per i grandi vini, l'etichetta ha un ruolo che a volte travalica la qualità oggettiva del prodotto.

La carriera di Gould – a gonfiare la mitologia del quale ha contribuito Thomas Bernhard con *Il soccombente*, un romanzo uscito nel 1983 che ha entusiasmato molti lettori lasciandone indifferenti e irritati altri come me – si apre e si chiude simbolicamente con due registrazioni della stessa opera: le *Variazioni Goldberg* di Johann Sebastian

Bach. La prima risale al 1955, quando Gould era un semisconosciuto esecutore ventitreenne (quella che, incisa su vinile, mi piombò in casa da bimbo e conservo nella mia memoria di ascoltatore come un feticcio). La seconda è del 1982, con Gould già venerato come una divinità, pochi mesi prima della sua morte; si presenta più lenta in certe esposizioni, più estenuata e pensosa, cristallinamente digitale, ma l'effetto disco fa sì che spesso la prima versione di cui ti innamori diventi l'unica: e così è capitato a me. Dal libro della Hafner ho appreso con meraviglia che nella registrazione dell'82 Gould non suonava uno Steinway, ma uno Yamaha. Curioso: dopo una vita passata a provare maniacalmente pianoforti di antica fattura artigianale – Steinway, Bösendorfer, Bechstein – Gould aveva chiuso la sua parabola di concertista incontentabile scegliendo un pianoforte giapponese di serie. Questo me lo fa apparire assai più simpatico.

A Dream Is a Wish Your Heart Makes: «I sogni son desideri», canta Cenerentola davanti agli uccellini, ma i miei sogni, più che desideri, spesso sono incubi inquietanti, come quello del pianoforte bianco latte; e in buona parte riguardano la musica.

Ricorrente nelle mie notti è il più banale, un classico: sono sul palco di una sala importante, forse a Londra, forse ad Atene. Ho paura, è il concerto di punta di una stagione prestigiosa, chissà come ci sono arrivato, chissà perché hanno chiamato me, ma nei sogni il realismo è facoltativo: sto lì come una star impaurita, ma me la godo. Devo suonare il *Terzo concerto* in do minore di Beethoven, entro fra gli applausi, stringo la mano al primo violino, mi siedo al piano, faccio cenno al direttore che può cominciare. Lui solleva la bacchetta e l'orchestra attacca l'introduzione, un magnifico accordo di do minore, e a quel punto mi rendo conto che quel concerto non lo so suonare, non l'ho mai studiato, ho solo sbirciato una volta la partitura, lo conosco come un orecchiante e non sono in grado di eseguirlo. Mi terrorizzo, e intanto l'orchestra va, il pubblico penetra nello spirito e si commuove, si eccita, aspetta l'ingresso leggendario del pianoforte, tre perentorie scale di do minore. Tremo, l'orchestra procede, cerco il freno a mano ma non c'è, l'introduzione sta per finire, in fondo alla sala hanno issato uno striscione con scritto: «Bluff!». Sudo, provo a immaginare qualche trucco: fingere un malore, scappare urlando, fermare il direttore, chiedere pietà... Invece preparo i pollici sui do in ottava come se tutto dovesse filare liscio, e alla chiusa gloriosa dell'introduzione vengo colto da una vertigine e mi sveglio piangendo, felice di essere banalmente nel mio letto quotidiano, illuminato da una vecchia, rassicurante radiosveglia.

Ma l'incubo principe legato alla musica riguarda me come spettatore. Sono in un auditorium, probabilmente la Sala Santa Cecilia di Roma (ma non è detto). Seduto nella platea gremita, sto per assistere a un'esecuzione della celeberrima *Ottava sinfonia* di Schubert, l'*Incompiuta*. Entra il direttore in frac, un giapponese o coreano molto famoso, l'orchestra anch'essa in frac si alza, grandi applausi, stretta di mano al violino di spalla, orchestra seduta, silenzio religioso: la messa laica può cominciare. All'attacco sommesso dei violoncelli, seguito dal tremolo magico dei violini, il viaggio prodigioso, come sempre, parte: una collettività riunita celebra la bellezza, ritualizzando i gesti e decollando verso quel percorso sonoro bello e doloroso, attraverso vibrazioni fisiche di note e strumenti perfettamente accordati e alleati fra di loro. Ogni istanza individuale fa un passo indietro, per lasciarci godere dell'estasi musicale collettivizzata. Fin qui la situazione non è da sogno, è una liturgia che ho più volte frequentato nella realtà, una di quelle prassi miracolose che danno un senso più grande all'esistenza. D'improvviso, riecco l'incubo: mentre ascolto con passione, vengo attratto da una giacca variopinta con strane losanghe verdi. La indossa un signore calvo seduto due file più giù, che segue con sguardo trasognato e partecipe la rapinosa sinfonia ma contemporaneamente si porta una mano dietro la schiena, cercando di grattarsi in un punto preciso fra le scapole, senza successo: è una zona inarrivabile per la sua mano. Allora, senza dare nell'occhio, afferra il programma di sala e prova a usarlo come prolunga del braccio, raggiunge il prurito e si gratta col dorso rigido, con disordinati gesti veloci, mentre continua a guardare il direttore mimando un'espressione estasiata dalla musica. Quella visione mi distrae, mi deconcentra. La giacca a losanghe diventa come un lampo ricorrente. Osservo allora gli altri spettatori, tutti con il loro atteggiamento intenso, nobile, all'altezza dell'occasione. Però, a guardarli bene, scopro che anche loro potrebbero essere mentalmente distanti da Schubert, senza pruriti ma col pensiero che sprofonda furtivamente chissà dove. Intanto la sinfonia è arrivata al tema in sol maggiore. Un respiro quasi inudibile si alza dal pubblico che ha riconosciuto il passaggio dei violoncelli e ci si è ritrovato, come a un felice appuntamento. Ma il tarlo nella mia mente resta, non riesco a non guardare di sottecchi la giacca a losanghe. I timpani rullano con fragore, ma io scruto le facce di quelli che mi circondano, tutti moderatamente eleganti, col programma posato sulle ginocchia; uno, comincio a fantasticare, ha la faccia di chi pensa al lunedì mattina, a quando la banca aprirà e il suo conto sarà in rosso più del consentito; una signora sembra riflettere se fare o meno l'intervento plastico alle occhiaie; un'altra rimugina sull'amante giovane e invadente che ne minaccia l'equilibrio domestico; un ragazzo prova a immaginare come andrà l'esame l'indomani, visto che non ha aperto libro; un giovanetto e una giovanetta, seduti vicini, si danno una stretta al braccio, scambiano un'occhiata di sorridente intesa e ripensano alle creative performance erotiche della mattina. Ricaccio indietro i pensieracci e mi soffermo sull'intonazione dei legni: il coreano ha staccato un tempo un po' lento ma efficace, molto espressivo. La mia attenzione vola però su una donna che dalla borsetta estrae guardinga una pasticca di Feldene contro i suoi ciclici dolori addominali: trattiene l'espressione sofferente e continua a fissare estatica l'orchestra. Un abbonato accompagna il ritmo in 4/4 con piccoli movimenti della mano, ma finge, è insonnolito, il concerto della domenica è il dazio coniugale che deve pagare alla moglie impellicciata che gli siede accanto, fa salti mortali per controllare eventuali messaggi sul cellulare nascosto sotto il paltò sulle ginocchia; una signora, appesantita dagli anni e dai gioielli, ha chiuso gli occhi per concentrarsi meglio sul suono e ora dorme, impercettibilmente, con una tecnica furtiva che ha sviluppato in anni di abbonamento.

Finisce il primo movimento: qualche colpo di tosse, tutti paiono prendere una pausa dall'estasi. A me sembrano in pausa dai loro pensieri nascosti.

Inizia il secondo movimento, l'Andante con moto, e la sala ripiomba nella concentrazione; ma per come la vedo io nel mio incubo, ognuno si riaccuccia nelle proprie spire di coscienza. Guardo in un altro settore: tra le file di poltrone verso il corridoio scorgo un signore abbronzato ed elegante dalla folta chioma bianca, con un distintivo rosso sul bavero; forse è un docente universitario di gran vaglia. Scruta concentrato i violoncelli, ma sospetto che stia fissando una violoncellista dell'ultima fila, con la gonna larga e le gambe divaricate come richiede lo strumento. Sta figurandosi i suoi genitali, mentre Schubert procede nell'andante sublime. L'anziano professore naviga con l'immaginazione; impassibile, disegna nella mente ogni variabile oscena, in una specie di endoscopia della musicista ignara, la quale è attenta ai pentagrammi e alla bacchetta: ha paura di andare fuori tempo, per lei il gesto del coreano non è abbastanza netto. Accanto al canuto cattedratico siede una signora giovane ma non giovanissima; ha l'aria di esserne la figlia piuttosto che l'amante, una figlia che forse conosce certi segreti dell'illustre genitore, segreti inconfessati che lei custodisce in silenzio, anzi, non li dice nemmeno a sé stessa. Lo sguardo che butta di lato sul padre mi fa credere che neanche la ragazza sia immedesimata nell'*Incompiuta*. Guardo l'abbonato insonnolito seduto accanto alla moglie: prima armeggiava col cellulare, ora legge con interesse il grande dépliant con il programma della stagione; ma fra le pagine ha introdotto la *Settimana Enigmistica* e si immerge in rebus e sciarade mentre sbircia l'orologio.

A un tratto un leggio cade con un tonfo, provocando un sussulto nella sala; ciascuno abbandona di colpo i propri pensieri e torna a occuparsi di ciò che accade sul palco. Uno dei secondi violini si china a raccogliere il leggio con una mano, mentre con l'altra difende il proprio strumento tenendolo sollevato. Il direttore prosegue impassibile, Schubert procede inesorabile e la concentrazione degli spettatori sembra svanita; ma è questione di poco e presto tornano tutti a fissare strumenti e bacchetta. La sinfonia è quasi alla conclusione, quella meravigliosa conclusione schubertiana senza finale, senza enfasi, incompiuta. Un secondo di silenzio, poi la sala esplode in un applauso fragoroso: entusiasmo alle stelle, tripudio, standing ovation. Io però resto seduto, e mi accorgo che la moglie dell'uomo calvo funestato dal prurito ha introdotto il braccio nella giacca a losanghe, e ora gratta il marito fra le scapole. Non ce la faccio ad alzarmi, mi serpeggiano brividi per tutto il corpo. Il direttore si gode gli applausi con gesti schivi, l'abbonato sonnolento mi passa accanto nascondendo in una tasca la *Settimana Enigmistica*, poi mi guarda roteando la mano e arcuando la bocca, come a dire: «Che meraviglia Schubert!».

Il mio respiro si fa pesante e mi sveglio sudato. Mi lascio subito rassicurare dalle cifre luminose della radiosveglia.

Un'altra sala, non grande, vicino a via Veneto, a Roma. Una star della musica contemporanea tiene un atteso concerto trasgressivo. Ho risparmiato a lungo per potermi permettere il costoso biglietto. Entro nella platea spettrale, il compositore contemporaneo è accovacciato al centro del palcoscenico; scrive su un foglio pentagrammato, la penna è collegata con un filo a un amplificatore che ne diffonde ad alto volume il rumore mentre scorre sulla carta. La sala si va riempiendo. Agli angoli della platea ci sono quattro musicisti, uno per ogni angolo, la faccia rivolta verso il muro. Imbracciano gli strumenti e guardano i leggii vuoti. Riconosco un amico contrabbassista, mi avvicino con discrezione e lo saluto. Lui ricambia, ma a mezza bocca, presumo perché ha la consegna di stare fermo e zitto. Sul palco, intanto, una signora in prossimità del fondale affetta peperoni davanti a dei fornelli. Il compositore accovacciato ha concluso il primo foglio e lo consegna a un servo di scena, il quale lo porta a uno dei quattro musicisti, un flautista, mi pare. Questi legge ed esegue ciò che vi è scritto, alternando suoni dall'apparenza casuale a pause di immobilità. Non resisto, mi alzo cautamente, gli vado vicino e sbircio la parte sul leggio: vedo solo diagrammi per me insignificanti. Mi sposto verso l'amico contrabbassista, che nel frattempo ha preso a suonare come il collega. Scruto la parte sul suo leggio, e anche lì niente pentagrammi, soltanto qualcosa assai simile a degli scarabocchi. Il mio amico ha l'aria molto concentrata e sofferta, pure lui alterna emissioni sonore a pause di immobilità. Approfitto di una di queste sospensioni e sussurro: «Ma cosa stai leggendo?». E lui, sempre a mezza bocca: «E che cazzo ne so?». Torno al mio posto. La sala ormai è piena, l'evento cultural-mondano è di quelli imperdibili. Mentre i peperoni sono in cottura, la signora sul palco fa calare dalla graticcia uno spezzato su cui campeggia una stentorea «A» dentro un cerchio, il simbolo dell'anarchia. Il suono in sala aumenta di intensità, perché ora si stanno esibendo tutti e quattro i solisti. Su una lavagna si compone via via una scritta: «Il miglior governo?». Il suono si spande, si fa invadente, insieme con il profumo della peperonata che inonda piano la platea. Fra il pubblico individuo il musicologo Fedele d'Amico, verso il quale nutro grande venerazione. Conosco le sue posizioni su quel genere di performance (in questo tipo di manifestazioni ricorrere all'inglese è d'obbligo), ne so a memoria gli articoli, corro sempre a leggerne l'ultima rubrica per scoprire il suo parere su un altro dei casi della musica, sperando che il suo giudizio coincida con le mie impressioni. Guardo verso di lui e mi sembra di intuire una faccia colma di perplessità. Intanto sul palco la scritta sulla lavagna si è completata: «Il miglior governo? Nessun governo!» e viene demagogicamente applaudita dalla platea. Il concerto è finito. Fra i battimani scroscianti, salgono i commenti degli spettatori.

«Interessante, anche se discutibile.»

«C'è poco da fare, è geniale!»

«Un po' goliardico, ma ci sta tutto.»

«Musica un po' gastronomica» (e segue risatina compiaciuta sulla citazione di Adorno che stigmatizzava la musica tonale, «borghese», come, appunto, «gastronomica»).

«È troppo avanti per te,» dice un tale zittendo un timido dissenziente «tu ti meriti Sibelius!»

L'occhio mi cade sul professor D'Amico, che è rimasto seduto, senza applaudire, con un'espressione che ora non è più perplessa, bensì definitivamente sconsolata. Incrociamo gli sguardi; lui non mi conosce, ma mi racconto di stare cogliendo una complicità desolata sulla valenza di ciò a cui abbiamo assistito. La sala s'è svuotata, esco e mi ritrovo solo e assorto, a riflettere sui destini della musica accademica del mio tempo. Cammino nel fresco novembrino romano, imbocco via Veneto, penso a Federico Fellini; e penso soprattutto ai risparmi che ho dovuto fare per assistere a quel costoso concerto-peperonata.

Quest'ultimo episodio non è un sogno, non è un incubo: è qualcosa che mi è realmente accaduto il 12 novembre 1973 al Teatro delle Arti, a Roma, la sera in cui ho assistito allo spettacolo *Silence/Teatro concerto* presentato nella rassegna *Festival d'autunno*. La star della serata era John Cage, che si esibiva con Merce Cunningham. Prezzo del biglietto: lire 5.000.

L'artista avanguardista dice: «Basta!»
ma non gli basta dire «Basta!» e basta.
«Il mio ruolo è non essere compreso
ma adesso basta d'essere incompreso!»
L'artista avanguardista non si basta.

Barocco rock

Nel 1971 esce un disco che mi colpisce molto: *Thick as a Brick*, dei Jethro Tull; solista, l'estroso flautista Ian Anderson. Per il primo febbraio del 1972 viene annunciata una loro esibizione a Roma: corro a comprare un biglietto. È il primo concerto rock a cui assisto, le musiche del repertorio pop avevo l'abitudine di ascoltarle soltanto in disco; anche perché quelle che dal punto di vista musicale mi sembravano degne di interesse erano composizioni complesse realizzate per gran parte in sala di registrazione e difficilmente riproducibili dal vivo: si veda l'ineguagliabile *Sgt Pepper's Lonely Hearts Club Band* dei Beatles. Nondimeno, forte della convinzione che il disco sia un surrogato dell'esecuzione e che la musica vada fruita in diretta, quel giorno vado ben contento al Palazzetto dello Sport, all'Eur, da solo, perché quando ai concerti sono solo mi concentro bene, osservo meglio.

Il Palasport è stracolmo. Sto in piedi in platea, le luci sono medio-basse e nell'aria si spande un allegro profumo di canne. Aprono la serata i Gentle Giant, un gruppo rock progressivo che mi piace e mi diverte. Ma il volume è altissimo, fastidioso. Aspetto pazientemente l'ingresso di Ian Anderson, il quale arriva in scena tutto variopinto, inalberando il flauto con gesti allusivi a metafore falliche. I macchinisti hanno preso a pompare fumi invadenti, il pubblico è rumoroso, offusca l'ascolto, copre la timbrica, mi impedisce di seguire nei dettagli quella musica che conosco e che amo, urlano tutti come invasati anche parlando fra di loro. Sono estasiati dal santone flautista, di cui, fra le spire di strilli e fumoni, intuisco appena i fraseggi arguti. Presto mi devo rassegnare: la bella musica di *Thick as a Brick* non riuscirò ad ascoltarla lì, perché non è la musica il motivo di quel raduno. La qualità musicale in quel luogo, quella sera, è il dettaglio secondario di un rituale di appartenenza, il connotato sonoro di un'adesione collettiva dal fascino bello e tribale. Mi rendo conto di essere andato fin là inutilmente, e allora lascio la sala, passo fra il pubblico giovane e giovanile guardandolo con un pizzico di invidia. Se la godono, mentre io sono a disagio: se non c'è un silenzio concentrato, non sono capace di immergermi nell'ascolto. L'istinto dei corpi che si abbandonano al pulsare ritmico di un brano, che si muovono a tempo, in un dondolio di testa, bacino e dita che mimano lo schiocco, lo reggo per non più di cinque minuti. Non so ballare e, peggio per me, mi annoio. Fuori, al freddo, compro un chinotto da un camper traboccante di hot dog, poi mi avvio verso la mia Cinquecento. Rientro a casa e preparo un piatto di spaghetti, poi sollevo il coperchio del giradischi e metto su il vinile di *Thick as a Brick*: me lo gusto in ogni particolare. La voce di

Anderson, contrappuntata da un flauto che sarebbe piaciuto a Poulenc, canta: «*My words but a whisper | your deafness a shout. | […] And the sand-castle virtues are all swept away […]. | And the poet lifts his pen while the soldier sheaths his sword*»*. Rimango rapito e penso: com'è bello il volume giusto.

Ma qual è il volume *giusto*? Dopo l'esperienza dei Jethro Tull al Palasport dell'Eur, mi sono ritrovato in altre circostanze simili, compreso un concerto degli amati Pink Floyd: anche allora il volume spropositatamente alto mi aveva dissuaso dal restare fino alla fine. Oggi sono tentato di assistere a qualche esibizione dei sorprendenti Radiohead, poi, memore delle delusioni passate, mi limito a farmi raccontare l'evento da mio figlio Duccio, che è quello che me li ha fatti scoprire e apprezzare. *Ok Computer*, che mi pare ancora uno dei migliori album pop che conosco, è musica piena di finezze armoniche e ritmiche, di timbri vocali. E il timore di finire ad ascoltare certi brani che tanto amo in mezzo al caos di un prato, fra lattine di birra, grida di fan e suonerie di cellulari, mi fa desistere da certi propositi. Forse perché male abituato dai concerti di Arturo Benedetti Michelangeli, durante i quali bisognava persino trattenere il fiato perché al minimo rumore il maestro interrompeva l'esecuzione; come fa ancora oggi il superbo Keith Jarrett: guai a scartare una caramella mentre lui suona.

* «Le mie parole non sono che un sussurro | la vostra sordità un urlo. | […] E le virtù fatte di castelli di sabbia sono tutte spazzate via […]. | E il poeta alza la penna mentre il soldato ripone la spada nella guaina».

Pure nel caso dei Radiohead il Cd svolge un'accettabile supplenza, perché la loro è musica che comunque riesce a incuriosirmi a ogni riascolto (benché le ultime proposte del leader Thom Yorke mi sembrino divenute ripetitive, di maniera). Ogni volta che arrivo al quarto solco di *Ok Computer* – la bella *Exit Music (For a Film)* scritta per il film *Romeo+Giulietta di William Shakespeare* – la mia mente va dritta a Chopin, al *Preludio* op. 28 n. 4 in mi minore: il pezzo dei Radiohead è non dico identico, ma molto, molto simile; la struttura, trasportata nella tonalità di si minore, è la stessa del capolavoro chopiniano. Impossibile che gli autori non lo conoscessero, ma non mi sento di parlare di un plagio, piuttosto di una fonte di ispirazione assai marcata. Nel 1998, il pianista Brad Mehldau ne ha inciso una versione per solo pianoforte poi utilizzata nel film *Unfaithful. L'amore infedele*, con Diane Lane e Richard Gere; ascoltandola con attenzione, il ritorno al timbro pianistico rivela anche ai sordi la fonte chopiniana della canzone, e scopriamo che il ciclo si chiude. Trovo interessanti queste trasmigrazioni: il triangolo Chopin-Yorke-Mehldau si passa la staffetta di una mirabile invenzione musicale che, rimbalzando da un artista all'altro, svela tante differenti e incantevoli facce.

La musica che chiamiamo rock è probabilmente inseparabile da un volume altissimo, frutto di macchinari elettroacustici che esprimono innanzitutto potenza, o pre-potenza, sonora. I suoni rock, anche se vengono da un flauto traverso o da un violino, manifestano un carattere bellicoso; gli esecutori, quando aprono le custodie, estraggono chitarre e distorsori, ma sembra che tirino fuori minacciose artiglierie. Un rockmanager cinico e spiritoso che ho avuto occasione di frequentare mi ha detto: «Per forza. Certa musica a volume normale 'n sa de 'n cazzo». La battuta è sommaria, però mette a fuoco i gusti di certo pubblico, che ama vedere ostentata l'opulenza invasiva della tecnologia. Per me, a quei volumi, una composizione complessa diventa indistinguibile, tutto mi fa lo stesso effetto di un banale giro di do maggiore. E forse l'ostentazione dei mezzi è pure ostentazione di ricchezza. Nei giudizi critici sono ormai rare le valutazioni elogiative che prescindono dall'incasso conquistato da questo o quell'artista: gira l'idea che i milioni di acquirenti di dischi attestino la bontà di una creazione, così come è diffusa la convinzione che il numero di televisori sintonizzati su una trasmissione ne decreti la qualità. Questo atteggiamento è il rovescio della medaglia delle posizioni elitarie assai di moda nel primo Novecento: «Se è arte non è per tutti, se è per tutti non è arte», una frescaccia attribuita nientemeno che ad Arnold Schönberg. Mi sembrano due visioni antitetiche ma complementari di una civiltà che è contemporaneamente di massa e piccoloborghese.

Sciorinare la pagella dei vertici delle classifiche e delle vendite miliardarie risulta ancor più paradossale se si pensa a un ambito musicale come il rock, i cui testi sono spesso zeppi di contenuti sovversivi, trasgressivi, contro le convenzioni, contro i mercati, contro le banche e a favore dei diseredati, degli eversori, degli ultimi. Il rocker non è soltanto un cantante o un musicista, è un divo che con la propria immagine veicola un'ideologia, un sistema di valori quasi sempre rivoluzionario, anticonformista e antisistema, attaccando i potenti della terra, la grettezza dei capitali e i loro tragitti imperialisti. Una celebre battuta di David Bowie suona come una sentenza: «A ben riflettere, Hitler è stato la prima rockstar».

Non di rado, però, i rocker hanno una vita e dei sistemi di riferimento che di eversivo possiedono poco o nulla; la trasgressione che molti di essi praticano è di tipo autodistruttivo (droghe, alcol) ed è dominata da un ipernarcisismo tutt'altro che democratico. Uno dei più intramontabili simboli della rivolta dei costumi giovanili è Elvis Presley, che agli inizi della carriera incendiava campus studenteschi con i propri gesti pelvici antiborghesi. Ma a differenza delle rockstar come Jim Morrison e Jimi Hendrix, che durante i concerti fomentavano il pubblico contro i poliziotti e l'autorità costituita, Elvis fu tormentato per tutta la vita dal desiderio inappagato di diventare un uomo di legge. Appassionato di armi fino all'ossessione, aveva collezionato un numero spropositato di pistole, mitragliatori, carabine e fucili d'assalto, pezzi che gli piaceva donare ai collaboratori oppure agli agenti e agli sceriffi del posto in cui si trovava, così da ottenere in cambio divise e distintivi per i quali nutriva un'attrazione fatale e infantile. Ma a passare alla storia è stata la Beretta 34 nichelata che Elvis aveva ribattezzato «il Telecomando», giacché la usava per spegnere i televisori quando si stufava di guardare qualche programma: anziché schiacciare l'interruttore come avrebbe fatto chiunque di noi, puntava la canna contro il teleschermo e sparacchiava. Si racconta anche che Presley avesse fatto ricoprire di pelle rosa i parati della propria abitazione a Memphis. Vezzi dei divi: anche di Wagner si dice che, per finire di comporre *L'anello del Nibelungo*, avesse fatto rivestire le pareti della sua residenza svizzera di una seta rossa fatta arrivare apposta dalla Cina.

Nel campo della musica rock sono un ascoltatore atipico, arrivato in ritardo: sono stato convertito da amici esperti che mi hanno introdotto al genere quando ero già più che ventenne e masticavo bene soprattutto musica sinfonica, da camera, melodramma, canzone napoletana, oltre che un po' di jazz, cantautori francesi e vecchie *zarzuelas* spagnole. Ma mi è sempre piaciuto inoltrarmi come uno sprovveduto esploratore in zone distanti da me, che non domino linguisticamente; scoprirne il lessico, le retoriche, abbandonarmici e scovare, navigando fra opere generiche o inafferrabili, la scintilla del genio, dell'arte. La genialità è una pianta che spunta ovunque, è come quelle erbe capaci di crescere nelle fessure delle quadrelle in cemento di certi cortili senza sole; come alcune brillanti creazioni nate nel Festival di Sanremo, che si sono fatte strada nel blob della media produzione fra quintalate di brani ripetitivi e scontati: a partire dalla bellissima *Nel blu dipinto di blu*, di Migliacci-Modugno, si potrebbero elencare parecchi frutti dell'ingegno musicale nati sul palco sanremese davanti a cui togliersi il cappello.

Gli amici che volevano convertirmi al rock mi passavano dischi come pusher, per iniziarmi a uno zodiaco che loro amavano alla follia (anche perché era l'unico zodiaco che conoscevano); e gliene sono grato, perché mi hanno rivelato un modo di comunicare musicalmente che mi era estraneo, per mia ignoranza e forse per mia arroganza. All'epoca seguivo quasi soltanto i Beatles, che mi piacevano davvero tanto, mentre mi infastidivano i Rolling Stones. L'intento proselitistico dei miei amici mi regalò una nuova adolescenza conoscitiva; passavo con loro interi pomeriggi ad ascoltare Bob Dylan – grande poeta più che grande musicista – e lo facevo con entusiasmo, anche se potevo obiettare che non fosse da meno Georges Brassens, trascurato invece dai miei pusher. *The Dark Side of the Moon* dei Pink Floyd fu una scoperta eccitante, quanto quella dell'album bianco dei Beatles (tuttora fra i miei preferiti).

Un giorno, uno di quegli amici, poeta coltissimo con la vocazione rock, mette sul giradischi un pezzo cantato da Joan Baez, intitolato *Nu bello cardillo*.

«Senti che meraviglia» mi fa.

«Ma perché, non conoscevi questa canzone?» obietto io saltando sulla poltrona.

«No, mai sentita.»

«Ma come? È un capolavoro! La canta pure Filumena Marturano nella commedia di Eduardo.»

Scopro poi che quel poeta rockettaro, fra gli ammiratori della Baez, non era il solo a ignorare questo antico brano popolare. E allora mi si è fatto strada il sospetto che, nell'entusiasmo per la musica rock dei miei amici intellettuali di sinistra (come si diceva allora), ci fosse una forma di soggezione verso la cultura americana. Per conoscere un gioiello della tradizione napoletana, avevano avuto bisogno che glielo indicasse un'artista pop statunitense; le radici della nostra grande cultura le scoprivano soltanto con l'autorevole avallo di una cultura lontana, la cultura di quel paese che insultavamo nelle manifestazioni pacifiste. E proprio dopo una di quelle manifestazioni mi ritrovai a una cena in cui, fra gli ospiti, c'era un simpatico newyorchese che lavorava all'ambasciata degli Stati Uniti. Erano i giorni dei viaggi in Europa e in Asia del presidente Nixon, e i cortei antimperialisti si erano moltiplicati. La televisione ne dava conto, mentre noi mangiavamo un'insalata di riso. Nelle immagini del telegiornale spuntava in ogni parte del mondo la scritta: «Yankee go home!».

«Ma non ti fa impressione che dappertutto si gridi: "Americani, andatevene a casa"?» avevo chiesto a un certo punto al newyorchese.

«No, finché me lo dicono nella *mia* lingua» aveva risposto lui, con un sorriso democratico da razza padrona.

Da quel giorno smisi di usare la parola «Ok», deciso a combattere la componente provinciale che abitava in me. E capii che fra le opere d'arte profetiche del Novecento italiano ce n'era una di felicissima intuizione sociale ancorché di basso profilo artistico: *Tu vuo' fa' l'americano*, la canzone di Renato Carosone e Nisa che sbeffeggia con arguzia il vezzo americanista dei ragazzi di quella generazione. Ragazzi come il Nando Moriconi portato in scena da Alberto Sordi in *Un americano a Roma*, estroso film di Steno del 1957 ufficialmente considerato di serie B (o, se preferite, *B-movie*).

Mi capita spesso di parlare di musica con giovani appassionati; mi succede durante i corsi, i seminari che qualche volta tengo nei conservatori, nelle scuole di cinematografia; oppure perché li incontro al cinema, a teatro, al bar. A un certo punto del discorso rivolgo loro una domanda: «Quale genere di musica ascolti?».

«Tutta... Un po' tutti i generi» è la risposta ricorrente.

«Cioè?»

«Rock, funk, elettronica, heavy metal, latino-americana, jazz...»

E allora provoco: «E la musica barocca?».

«Be', no... proprio barocca magari no.»

«E Wagner? Šostakovič?»

«No.»

«E Puccini? Chopin? Scarlatti?»

«Ma che c'entra?»

Dal che, capisco che per tanti di loro «tutti i generi» significa tutti i generi pop moderni, perché di altra musica ignorano l'esistenza. Nel fornire arnesi di conoscenze musicali, la nostra scuola ha le sue gigantesche responsabilità.

La musica rock ha un elemento in comune con la barocca: a chi non è abituato a sentirla, risulta «tutta uguale». Accade a chi ascolta superficialmente, soffermandosi sull'aspetto più epidermico, cioè quello timbrico. Certe abitudini sonore confortano l'ascoltatore di genere: chitarra elettrica, basso elettrico, batteria rassicurano il frequentatore di rock, mentre viola da gamba, clavicembalo, tiorba rassicurano il cultore di musica antica (o anticata). Ma all'interno di questi colori si può esprimere sia l'invenzione geniale sia la banalità ripetitiva, come accade nel novanta per cento della produzione rock, e forse accadeva altrettanto nella miriade di concerti grossi settecenteschi giunti fino a noi, quelli contenuti nelle centinaia di volumi impolverati che dormono nelle biblioteche dei conservatori. Provate a tirarli giù dagli scaffali, spolverateli, leggeteli, suonateli tutti di fila: probabilmente l'effetto Mogadon è assicurato.

Ciò che mi succede col volume troppo alto mi succede anche col volume troppo basso, il volume della musica passiva. La musica passiva è quella musica che non ho scelto io, ma che devo sentire per forza mentre compro l'insalata al supermercato, o mentre ceno in un ristorante *à la page*, o mentre faccio fisioterapia, o mentre viaggio sull'auto di un tassista importuno, o mentre sto sotto il trapano del dentista… e l'elenco potrebbe continuare. Parlo di quella musica diffusa ormai in troppi ambienti pubblici, a basso volume ma comunque invadente: il cosiddetto sottofondo, la musica da parati, una via di mezzo fra la musica a palla e il ronzio del condizionatore d'aria. Nel 1917 Erik Satie congetturò la pratica della *musique d'ameublement*, «musica d'arredamento». Provocava giocando, Satie; ma è accaduto spesso che provocazioni trasgressive delle avanguardie storiche siano poi diventate pane quotidiano della società consumistica.

Nei primi anni Ottanta ho assistito a concerti di musica da camera sperimentale in cui si teorizzava l'ascolto *distratto*, quello casuale, spezzettato; e anche in campo visivo si teorizzava la fruizione di immagini casuale, irrelata. Si dice che un noto pittore di valore passasse le giornate davanti a una decina di televisori sintonizzati su canali diversi, sovrapposti a formare una parete, e non so se il vezzo gli derivasse addirittura da Andy Warhol. Tante di queste utopie dell'avanguardia storica sono state poi realizzate dalle televisioni Fininvest e, appunto, dai supermercati Coop. Nella musica da parati la qualità di quel che si trasmette è un dettaglio marginale. Sono anche capitato, soprattutto fuori d'Italia, in qualche albergo pretenzioso che nell'ascensore e nelle toilette diffondeva addirittura Mozart o Ravel: e qui al fastidio si aggiunge una sgradevole sensazione di blasfemia. In alcune trattorie, specie nell'Emilia delle terre verdiane, vengono profusi brani d'opera a volume medio-basso: Violetta che piange morendo di tisi, Calaf che all'alba vincerà, Turiddu che prega la mamma, tutto fra tavole imbandite e ganasce gonfie. Nella maggior parte dei casi si diffondono canzoni i cui versi, in quei contesti, risultano decifrabili a fatica. E, a soffermarsi nell'ascolto, spesso si scopre che la voce ci sta cantando un amore straziante, un dramma sociale o una protesta antisociale; mentre noi compriamo surgelati o arrotoliamo bucatini con la forchetta.

Qualche volta mi faccio coraggio e chiedo se si può spegnere quel sottofondo. E magari, patteggiando, ottengo di abbassarne il volume. Ma mi rendo conto che il mio è un comportamento snob, involontariamente prepotente nei confronti di altri clienti, i quali invece gradiscono questa usanza dilagante. Lo so, è un mio capriccio egoistico a farmi sperare in una normativa europea sulla musica passiva simile a quella sul fumo passivo, e so anche che si tratta dell'ennesima battaglia persa. Perciò ormai mi limito a informarmi prima e a evitare i ristoranti e i dentisti musicarelli. Amo molto la poesia delle canzoni, e proprio per questo mi avvilisce sentire il lavoro di colleghi, artisti e tecnici mortificato al ruolo di rumore di fondo. In un ristorante gioiosamente chiassoso, un gioviale chef mi illustrava le meraviglie di un culatello stagionato a mestiere, quando, fra il tintinnar dei brindisi e le vibrazioni dei cellulari sui tavoli, sono stato distratto dalla voce del poeta Leonard Cohen che cantava il suo maestoso *Hallelujah*: «*I've heard there was a secret chord | that David played, and it pleased the Lord | but you don't really care for music, do you?*»*.

La musica merita rispetto, che si chiami leggera o pesante, colta o commerciale. Usarla come uno zerbino sonoro mi ricorda quei milionari texani cafoni che hanno la Gioconda stampata sugli asciugamani, il macinapepe a forma di Tour Eiffel e Albinoni in sottofondo.

L'inquinamento acustico delle nostre città è un fastidio sociale che si fa sempre più serio, il segno di una civiltà metropolitana che convive con i rombi dei motori, le urla degli antifurti e le frequenze dei bassi elettrici che arrivano dalle discoteche. Qualche volta, di notte, vedo sfrecciare automobili che spandono dai loro aggressivi sub-woofer i botti isoritmici e martellanti della cassa della batteria: immagino l'abitacolo di quelle macchine, e mi figuro l'anticamera dell'inferno. Ferma restando la convinzione che ognuno abbia il diritto di assecondare in privato i propri gusti, pure quelli che ci appaiono turpi, per me la musica è un'arte che, se consumata a livello troppo alto o troppo basso, perde gran parte della sua articolazione espressiva, si trasforma in indistinto flusso sonoro.

* «Ho sentito che c'era un accordo segreto | che Davide suonò, e il Signore ne fu compiaciuto | ma a te non interessa la musica, vero?»

Nel 1931 Raffaele Viviani scrisse una poesia contro la *posteggia*, l'esibizione dei suonatori ambulanti nei ristoranti napoletani: è intitolata *Faciteme magna'*. Il poeta si lamenta in versi del suono dei mandolini, che deconcentra dalla meraviglia del *vermiciello a vongole*. Chissà che cosa avrebbe scritto Viviani oggi, nel vedersi costretto a mangiare con quel perpetuo bordone musicale che non dà tregua: perlomeno i *posteggiatori* dell'epoca, ogni tanto, facevano una pausa.

E torniamo alla domanda iniziale: qual è il volume *giusto*? Come lo si definisce? Semplice, non si definisce, come tanti concetti indefinibili con cui conviviamo. Quello che più piace a me è il volume di ascolto che mi permette di percepire l'insieme delle parti di una composizione, ma anche di distinguere le parti stesse, le voci e le controvoci, i canti e i controcanti, le melodie principali e i moduli di passaggio, il fraseggio e la pulsione ritmica delle frequenze basse. Quando intraprendo il missaggio di una musica dopo averla registrata con l'orchestra, cioè quando rettifico e calibro il volume dei singoli strumenti, mi rendo conto che l'ascolto contiene qualcosa di percettivamente misterioso e rifletto su quanto sia complessa la decodifica del linguaggio musicale. Da come lo descrivono gli scienziati, sul piano tecnico l'ascolto non è affatto un atto semplice; il viaggio che un suono fa per arrivare alla nostra coscienza – a partire dalla vibrazione emessa dallo strumento – è molto articolato. La trasduzione meccanica di una nota passa per l'orecchio medio, va dal timpano alla coclea tramite il martello, l'incudine e la staffa, e questi mandano al cervello un impulso elettrico che transita per la camera media della coclea, la quale è piena di stereocilia (che bel nome!); indi scorre lungo i canali ionici, monitorati da neuroni, e quando tali neuroni superano un certo livello di stimolazione, parte un segnale verso la corteccia uditiva del cervello. La corteccia cerebrale decodifica quella nota, e la mette in relazione con le note arrivate prima e quelle che arriveranno dopo. Se pensiamo a quante successioni di note compongono una sinfonia di Čajkovskij o un assolo di John Coltrane, ci convinciamo di quanto sia miracolosa la capacità che ha la musica di farsi linguaggio. E di emozionarci.

Quando riascoltiamo una musica densa, ciascuno di noi si fa nella propria coscienza un mix personale, evidenziando i suoni che più lo affascinano e trascurando le linee musicali che meno lo interessano. E così un'opera ci sembra di percepirla ogni volta in una veste diversa, anche se ne riascoltiamo la stessa esecuzione dallo stesso disco. Succede perché siamo noi a essere diversi: al terzo, quarto ascolto spuntano strumenti che non avevamo mai sentito, o meglio, a cui non avevamo mai fatto caso. E dopo che li abbiamo notati, all'ascolto seguente quei dettagli passeranno magari in primo piano. Non ci eravamo accorti, per esempio, che mentre Rigoletto canta alla sua Gilda: «Piangi, fanciulla» i violini si insinuano con delle rapide biscrome lamentose; ma se qualcuno ce li sottolinea, al riascolto li udiremo netti e in evidenza. È un processo cognitivo ben riassunto da un gioco di parole di Aldo Fabrizi: «Ci avete fatto caso che se a una cosa non ci avevate fatto mai caso e qualcuno vi ci fa fare caso poi ci fate caso? Fateci caso!». Ecco, quando con l'ingegnere del suono trascorro giornate e [illegible] a missare un brano, in realtà mi impegno, fatico per ottenere un risultato nel quale l'ascoltatore possa fare più caso a quello a cui io vorrei che facesse caso. Ma il missaggio oggettivo è un'utopia: ascoltando quel brano, ognuno noterà il dettaglio che gli pare, in un missaggio tutto proprio in cui si inseguiranno i connotati musicali che più attirano.

Se amiamo davvero una musica ce ne appropriamo emotivamente, e soltanto allora possiamo dire di conoscerla. Sono convinto che si conosce solo ciò che si ama: non potrò mai dire di conoscere la musica di Stockhausen, pur avendola ascoltata più e più volte, inutilmente. In musica, come in amore, si ama ciò che si conosce e ri-conosce. Amare è un continuo processo di conoscenza e ri-conoscenza; è l'atto profondo di riconoscere un certo dettaglio, in una sinfonia o sul volto di una persona, un dettaglio che ci incanta, che sia un passaggio dei violoncelli o il modo di sogguardare di una ragazza. Una differenza forse c'è: il passaggio dei violoncelli ci piace condividerlo in una sala con altre persone che ne godono come noi, mentre il sorriso di una ragazza lo vorremmo rigorosamente tutto per noi. Ma è un argomento che aprirebbe discorsi inestricabili da cui mi allontano subito. Conoscere è un atto d'amore, non solo nell'accezione biblica del verbo; riconoscersi in una tela di Caravaggio o in un tango di Piazzolla è una mozione degli affetti intimi. So che «atto d'amore» è un termine di quelli inflazionati, di quelli che andrebbero congelati per un decennio, insieme con le parole democrazia, libertà, concretezza e un bel po' d'altre, ma così non saprei come esprimere il sentimento che mi invade quando guardo e riguardo un'immagine di Turner, o quando mi ipnotizzo davanti a Stan Laurel e Oliver Hardy che danzano in *I diavoli volanti*.

Sì, per conoscere bisogna amare. E quindi mi resta il rimpianto di non aver mai conosciuto la musica dodecafonica, pur avendole dedicato tante ore della mia *meglio età* senza mai «essere amato amando»: pazienza, alla prossima reincarnazione.

Sono un divo ribelle e sovversivo
un genio trasgressivo ed eversivo.
Che c'è di male se son narcisista
e tratto i servi come fa un fascista?
Son sovversivo, ma pur sempre un divo!

Le quote rosa

Noi giovani studenti di Storia della musica sapevamo dell'esistenza di Clara Wieck, celebrata pianista dell'Ottocento, nota soprattutto per essere stata la moglie di Robert Schumann. Avevamo notizia di alcune sue composizioni, ma non ci eravamo mai spesi ad ascoltarle con attenzione. L'attenzione era piuttosto puntata sulla sua amicizia col giovane Johannes Brahms, ed è stato buttato un bel po' di inchiostro per stabilire se fra i due, dopo la morte di Schumann, ci sia stata una qualche intimità sessuale; ma poco credo sia stato scritto per analizzare le partiture da lei lasciate. Ci avevano del resto informato, fin da ragazzini, che «le donne non sono adatte alla composizione». Potevano essere grandi esecutrici, questo sì; infatti avevamo tanti esempi di concertiste eccelse: la severa clavicembalista Wanda Landowska, la monumentale pianista Clara Haskil, l'austera violinista Gioconda De Vito. In passato, l'attività di esecutrice è stata in qualche modo riconosciuta alle donne, a quelle che sono riuscite ad affermarsi ancorché fra cento difficoltà e mille pregiudizi. Anche se, comunque, quando compare all'orizzonte un nuovo astro femminile del concertismo, magari di una certa avvenenza, c'è sempre chi cerca di appioppargli un amante protettore, un'amicizia facilitante.

Quante volte, a proposito di pianismo, ho sentito usare i termini *tocco maschile* e *tocco femminile*? Intendendosi per tocco maschile quello robusto, che produce un suono forte, aspro, eroico, *maschio* appunto; e per tocco femminile quello evanescente, languido, delicato, in una parola *femmineo*. Chi ha avuto la gioia di assistere a un concerto di Martha Argerich o di Hélène Grimaud, col loro suono vigoroso e scultoreo, può capire al volo quale enorme sciocchezza fosse quel pregiudizio sulla potenza della femminilità esecutiva. Comunque, se in campo esecutivo un qualche lasciapassare alle donne veniva concesso, nel campo della creazione, della composizione e dell'invenzione i pregiudizi erano invece totali. Un vecchio professore di Greco ripeteva ai suoi studenti: «La donna è fatta per la procreazione, non per la creazione. L'uomo crea, la donna procrea». E aggiungeva, con un sorrisetto da caserma: «Procrea, o magari ricrea!», aspettandosi la risata complice degli allievi maschi «commilitoni».

Di questi pregiudizi con cui sono stato cresciuto mi devono essere rimaste delle tracce inconsce, se non ho mai badato alla questione con metodo critico. Ma un bel giorno, mentre ascolto la radio, mi imbatto in un concerto romantico per pianoforte e orchestra a me ignoto, che attira subito la mia attenzione. Mi fermo per aspettarne la fine, per sapere chi ne sia l'autore, e seguo quella musica sempre più rapito, mentre mi si affaccia dentro una sensazione sommaria: «Come stile sembra Schumann, ma più bello». Arrivo avidamente in fondo alla trasmissione per scoprire chi sia l'autore di tanta meraviglia, ma ci arrivo, come capita ormai spesso, con un po' di suspense: in passato, infatti, nei canali radiofonici classici, era uso tassativo rinominare i brani alla fine dell'esecuzione; speaker professionisti ne declinavano le generalità con dizione limpida: autore, titolo, esecutori. Giustamente, perché se accendo la radio e mi trovo nel mezzo dell'ascolto di un'opera che non conosco, mi sarà utilissimo il riannuncio finale. Ma oggi è invalsa l'abitudine di non replicare in coda il titolo del brano trasmesso: qualche volta si passa, magari per mancanza di tempo, direttamente alla pubblicità sovrana. Altre volte avviene magari che a darci conto delle generalità del brano sia un giornalista dalla dizione non smagliante che infila titolo e autore discorsivamente all'interno di un commento, senza scandire, per cui, se non si tratta di nomi a me già noti, fatico a metterli a fuoco. A ogni modo, quel giorno arrivo in fondo all'ascolto di quella composizione bella e ignota, e una voce limpida mi informa che si tratta del *Concerto per pianoforte e orchestra* in la minore op. 7 di Clara Schumann. Stupore. Corro a procurarmene un Cd e mi sottopongo a una sessione di studio intensivo: e non solo scopro una nuova, splendida creazione musicale, ma scopro un nuovo autore che è addirittura *un'autrice*. È la prova provata che i pregiudizi incrostati nella mia cultura d'origine erano solo idiozie: in teoria lo sapevo, ma lo vivevo più come un atto ideologico che come una convinzione intima. L'ascolto reiterato del secondo movimento di quel concerto me ne ha dato una conferma emozionale, carnale, che va ben oltre la correttezza del mio pensiero progressista politicamente corretto. C'è dell'altro: non riesco a individuare una femminilità stilistica in quella scrittura, un distinguo anagrafico tra musica maschia e musica femmina, proprio come non riesco a individuare il cosiddetto suono femminile quando ascolto il tocco di Maria João Pires o le arcate di Anne-Sophie Mutter e Sol Gabetta. Clara Schumann aveva composto divinamente, dato concerti in mezza Europa, mantenuto la famiglia dopo la morte di Robert e cresciuto otto figli. Sarà questo il sesso debole?

Nel dicembre 1853 Clara affrontò una tournée concertistica in Olanda. Robert era disoccupato e decise di accompagnarla: fece il coniuge al seguito, ruolo di solito riservato alle mogli. Una sera, alla corte d'Olanda, Clara fu avvicinata dalla regina che la omaggiò con ammirazione, poi, vedendole il marito accanto, si rivolse cortesemente a lui: «Anche lei si interessa di musica?». A Robert Schumann!

La cultura maschilista ha fatto tanto male alle donne, ma ne ha fatto anche agli uomini. E il presente non è tutto roseo, malgrado i progressi ottenuti grazie alle lotte di tante donne chiamate utopiste. E pure di alcuni uomini chiamati utopisti, cioè fessi. Nella nostra civiltà democratica si deve ricorrerere alle quote rosa per alleggerire il differenziale di chance tra il femminile e il maschile, e ciò dimostra che il progresso nell'Occidente è ancora lento. E tacciamo delle tragedie femminili quotidiane del mondo arcaico asiatico e africano.

Quando, ancora ragazzo, mi incantai per la musica di *Irma la douce*, non avevo notato che l'autore della musica era Marguerite Monnot, una femmina. La quale firma anche *L'hymne à l'amour* e *Milord*, cavalli di battaglia di Édith Piaf. Qualcuno saprebbe riconoscere il *femminile* in quelle magnifiche canzoni?

Carla Borg è una stella del jazz che ha sposato il pianista Paul Bley, dal quale ha divorziato ma di cui ha deciso di serbare il cognome, come fanno alcune donne in politica, che conservano il cognome del marito a distanza di anni dal divorzio. La jazzista Carla Bley (già Borg) è certo un'eccellente pianista, ma mi sembra che un forte talento lo riveli anche nella composizione, nell'arrangiamento e nella direzione d'orchestra: tutti mestieri strettamente maschili, secondo il pensiero cazzaro dell'antico professore di Greco.

Chissà per quali fortunate coincidenze sono arrivati sulla mia scrivania i seducenti notturni e le rapinose polacche di Marianna Agata Wołowska (1789-1831), più nota come Maria Szymanowska: aveva sposato Józef Szymanowski e ne mantenne il cognome dopo la separazione. Maria procreò tre figli che, rimasta sola, le toccò accudire. Ma questo non le impedì di lasciarci brani pianistici scritti in uno stile innovativo che non è azzardato ipotizzare abbiano influenzato Fryderyk Chopin.

La compositrice francese Germaine Tailleferre (1892-1983) si sposò due volte e due volte si separò: i suoi gelosissimi mariti le impedivano di lavorare in libertà, a quanto ci tramandano le cronache. Lei serbò sempre il proprio cognome; anche perché Germaine Tailleferre era un nome d'arte: quello vero era Marcelle Taillefesse, che in francese suona all'incirca «Marcella Tagliaculo». E si capisce perché lo cambiò. Germaine – già Marcelle – era uno spirito fervente e libero, amica di grandi artisti del suo tempo, da Apollinaire a Léger, da Picasso a Modigliani, da Ravel a Chaplin. E negli anni Venti fondò il Gruppo dei Sei insieme con Darius Milhaud, Arthur Honegger, Francis Poulenc, Georges Auric e Louis Durey; lei era l'unica femmina del gruppo. Piccola riflessione: chissà perché quando un'enciclopedia scrive una frase come questa c'è una parte del nostro retrivo animo da caserma che ci fa subito pensare a una ragazza avvenente e disponibile, e non a un talento folgorante quale sicuramente era la Tailleferre, a giudicare dalle complesse, impegnative e affascinanti partiture che ha lasciato.

La Tailleferre compose anche *Six chansons françaises* su testi risalenti ai secoli XV-XVII-XVIII. Ogni canzone è dedicata a un'amica e ha come tema la condizione della donna: era un'artista pionieristica, un'apripista, un'eroina, Madame Taillefesse.

Nella nostra civiltà la misoginia ha toccato vertici impressionanti, come testimoniano le storie riguardanti le streghe. Ma anche in musica ha indotto costumi fortemente discriminanti: basti pensare che a Roma, fino a tutto il Settecento, per le donne vigeva ancora l'assoluto divieto di calcare le scene. E siccome compositori e impresari avevano bisogno di voci acute per rappresentare i personaggi femminili, si ricorreva ai castrati. Ma non a quelli già esistenti: si prendevano ragazzini in età prepuberale e si eviravano. La pratica prese piede intorno al 1590 sotto il papato di Sisto V. San Paolo aveva detto: «*Mulieres in ecclesiis taceant*» («Tacciano le donne nelle chiese»), quindi anche nei teatri; e allora al sesso femminile venne vietata questa pratica artistica che ha componenti ritenute sensuali, erotiche e dunque immorali. Era invece ritenuto morale prendere un fanciullo di famiglia povera, trasportarlo contro il suo volere in una specie di sala chirurgica, bloccarlo ignudo carponi e fargli asportare i testicoli da un norcino o da un barbiere solo per avere il piacere di ascoltare voci femminili senza che le femmine si esibissero in pubblico. Oh, moralità, quanti delitti commessi in tuo nome! Ed è da considerarsi soltanto una battuta provocatoria quella che si tramanda Stravinskij abbia pronunciato al cospetto del pontefice; il papa gli chiese: «Cosa posso fare per la musica?». E lui rispose: «Santità, *give us back castrati*!».

Nella sceneggiatura del film *Il marchese del Grillo*, diretto da Mario Monicelli, era prevista una scena che si svolgeva in un teatro romano del primo Ottocento: una compagnia francese avrebbe rappresentato un'opera nuova e per la prima volta a Roma si sarebbero esibite in ruoli femminili proprio delle femmine, evento che stuzzicava la fantasia dei romani, divisi fra ammiratori progressisti che correvano ad apprezzare e conservatori moralisti che correvano a biasimare. Il marchese Onofrio del Grillo, interpretato da Alberto Sordi, era tra i curiosi che correvano ad apprezzare le grazie femminili esposte in scena. Fra il pubblico che biasimava c'erano invece i castrati, i quali vedevano le femmine cantanti come una minaccia alla loro professione. Si sa, ogni progresso sociale lascia sul campo qualche vittima: anche l'abolizione della ghigliottina creò a suo tempo qualche disoccupato fra i boia. Il marchese seguiva gli accadimenti teatrali sorridendo divertito e commentando: «Guarda a quei castrati come je girano le palle!». La scena si concludeva con un duello fra il soprano femmina francese e il soprano castrato romano, balzato sul palco dalla platea: un duello prima a suon di acuti e poi a suon di schiaffi.

Per realizzare l'episodio, serviva un'opera che si prestasse alle necessità narrative. Ma per quanto cercassi, non c'era verso di trovare un'opera francese del primo Ottocento con un'aria da soprano adatta all'uopo, cioè con delle pause buone per infilarci le frasi cantate dal castrato duellante. E allora con Monicelli decidemmo di farne una finta. Con l'aiuto dell'amico regista Angelo Savelli, avevamo preso a immaginare delle scene da un'ipotetica opera mitologica in cui apparivano nell'ordine: Bacco, baritono; Mercurio, tenorino; e Venere, soprano femmina. Scrissi la partitura di quell'operina immaginaria in un tempo inevitabilmente breve, come spesso accade nel cinema. Non la scrissi per intero: feci lo stretto necessario, soltanto le parti che sarebbero servite al film, lasciando supporre l'esistenza delle altre. Preparai poi i cantanti e gli attori: il giorno previsto dal piano di lavorazione eravamo tutti pronti sul set allestito nel minuscolo teatro di Amelia – uno di quei gioielli architettonici di cui è cosparsa la penisola italiana – insieme con una piccola orchestra diretta dal maestro Bruno Moretti.

La scena si chiudeva con un pesante lancio di ortaggi da parte dei loggionisti moralisti, intervenuti apposta per sabotare la rappresentazione. Solo che, al primo ciak, tutte le comparse avevano lanciato dal loggione frutta e verdura non già contro il soprano femmina, come previsto dal copione, bensì contro il marchese del Grillo, cioè contro Alberto Sordi. Per divertimento, per beffa, o forse per invidia, ognuno era stato tentato di tirare un pomodoro sul bel costume candido del protagonista, e ognuno credeva di essere stato l'unico ad aver fatto quella bella pensata, certo di non essere smascherato in mezzo a tanti lanciatori diligenti. E invece! Non posso raccontare la reazione di Sordi quando si era visto sommerso dalla verdura: sono dettagli irriferibili. Era partito con un: «Mortacci vostri...» per poi andare avanti a lungo con ogni sorta di fantasiose invenzioni lessicali, fino a unirsi alle risate generali della troupe divertita.

Servirono circa tre giorni per concludere la scena. A lavoro ultimato, Monicelli mi fa: «Devo girare a Roma l'ingresso del teatro e voglio inquadrare la locandina dello spettacolo. Vai dagli scenografi e dagli il titolo e gli estremi dell'opera».

«Ma come, Mario?» replico. «E che ci scriviamo? Lo sai che quell'opera non esiste, è un falso stilistico, una crosta.»

«Lo so benissimo. Perciò inventati qualche cosa.»

E ce lo siamo inventato. La locandina posticcia recitava così:

TEATRO D'ALIBERT

via Margutta n° 28

Oggi domenica 25 e lunedì 26
novembre 1810

LA CINTURA DI VENERE

LA CEINTURE DE VÉNUS

Autore JACQUES BERAIN

OPÉRA COMIQUE

Jacques Berain era ovviamente un nome di fantasia. Ma quando qualche anno dopo il film uscì in Francia, fummo interpellati da diversi musicologi d'oltralpe che volevano sapere dove avessimo scovato quell'operina tardosettecentesca di cui non trovavano il manoscritto da nessuna parte, e soprattutto chi fosse questo Jacques Berain. Non abbiamo mai risposto: io per evitare l'imbarazzo, Monicelli per il gusto della beffa che tanto lo divertiva.

Fra le tante fortune che ho avuto, c'è stata quella di incontrare eccellenti maestri, alcuni addirittura fondamentali come il greco Manos Hadjidakis, il quale mi svelò parecchi di quei meravigliosi segreti che coniugano la filosofia musicale con i dettagli tecnici. Hadjidakis l'avevo incontrato a Roma; stava scrivendo la musica di un film hollywoodiano che sarebbe stato registrato in Italia e cercava un aiutante orchestratore, quello che all'epoca veniva chiamato «negro». A Roma, in quegli anni, c'erano molti profughi fuggiti dalla Grecia dei colonnelli. Io ne conoscevo diversi, e uno di loro mi presentò a Hadjidakis. Mi ritrovai così a lavorare per lui, che mi ha fatto dono di tanti insegnamenti. Una volta mi disse: «Quando componi musica per il cinema cerca di evitare la banalità; però non avere neanche paura di usare l'arpa sulle immagini delle onde marine, perché quando ci vuole, ci vuole».

Gli incontri fortunati a cui però adesso mi riferisco sono avvenuti soprattutto con dei maestri di vita, anche quelli che ho poco frequentato o che ho frequentato da lontano, avendoli io scelti come maestri a loro insaputa.

Per un periodo abbastanza lungo ho lavorato a fianco di Carlo Cecchi, dal quale ho appreso gran parte di ciò che so di teatro. E le tante ore passate con Fellini hanno lasciato nella mia vita un segno magistrale, come è facile immaginare.

Ma un posto tutto particolare fra le memorie degli artisti che mi hanno fatto da maestri lo occupa Elsa Morante. L'ho frequentata con una certa assiduità nel periodo in cui stava per pubblicare *La storia*, poi durante l'intera stesura di *Aracoeli.* E Aracoeli è il nome che ho scelto per il gruppo strumentale che ho fondato nel 1990, in ricordo di quei preziosi appuntamenti. Ogni tanto dividevamo il pranzo, o come altro si voglia chiamare il pasto di mezza giornata, il desinare. Perché poi, dopo il caffè, lei si chiudeva in casa a scrivere e non ne usciva che l'indomani. Aveva un carattere diretto, e non temeva di essere sgradevole se lo riteneva opportuno. Io perlopiù mi limitavo ad ascoltare, ma quando Elsa sollecitava un parere, specie sulla musica, io mi slanciavo e lei seguiva con un'attenzione fortemente concentrata, una concentrazione ormai rara. Devo notare che i grandi artisti che ho avuto la fortuna di incontrare sono innanzitutto magnifici ascoltatori, come Fellini, come Benigni, come la Morante appunto. Comincio a pensare che l'attitudine all'ascolto, come istinto naturale e interessamento al prossimo, debba essere una premessa fondamentale dell'intelligenza creativa. L'autoreferenzialità alla lunga asfissia e istupidisce.

Una mattina confidai a Elsa il mio tormento per l'incapacità di collocarmi correttamente come aspirante compositore nella mia contemporaneità musicale. Le spiegai che mi faceva soffrire il dettato ideologico per il quale una musica dovesse appartenere stilisticamente al nostro tempo e dunque non doveva essere *bella*, bensì *moderna*. Le dicevo pure che i connotati stilistici necessari per essere accettati come *contemporanei* erano imposti in modo accademico, perentorio e teorico, svincolati dalla funzione espressiva; venivano assunti come un atto di fede teorica.

Lei mi spiazzò di almeno centottanta gradi: «Ma che sciocchezza!» sbottò. «Se voi musicisti vi relazionaste con lo spazio così come vi relazionate col tempo, tu dovresti scrivere musiche unicamente italiane, o meglio romane, o meglio ancora di Villa Borghese», il luogo dove stavamo pranzando.

Quella reazione mi fece riflettere per diversi giorni. Grazie a lei capii che il bisogno che abbiamo di nuove forme musicali deve essere strettamente legato al bisogno di esprimere nuove realtà. Un poeta del Trecento non avrebbe potuto cantare la donna in bicicletta, come ha fatto Caproni cantando la mamma. E nuovi contenuti da raccontare ci spingono naturalmente a trovare nuovi linguaggi per raccontarli. In poesia è facile capirlo, perché i contenuti sono espressi. Ma in musica, nonostante la sua mancanza di contenuti verbalizzabili, il meccanismo è lo stesso. La ricerca puramente stilistica e formale porta all'aridità espressiva. Come ci ricorda il celeberrimo monito di Eduardo De Filippo: «Cerca la vita, troverai lo stile. Cerca lo stile, troverai la morte».

Ma Elsa quella mattina mi fece capire soprattutto cos'è la libertà mentale, e quanto può essere preziosa per uno che vuole fare arte. Solo con una profonda libertà mentale si può dare una risposta come quella che mi aveva dato lei, stringata, dalle apparenze provocatorie, dal tono spiritoso e dalla precisione chirurgica.

Quando uscì *La storia*, un certo ambiente italiano reagì male al grande successo di pubblico che seguì, portando a dimostrazione dello scarso valore del romanzo l'argomento principe di tutte le scemenze: «Se piace così tanto, vuol dire che vale poco». Di lì a definirlo romanzo *da ombrellone* o *per sciampiste* il passo fu breve. Quegli insulti mi infastidivano, e parlandone con la Morante citavo esempi di grandi capolavori musicali che avevano incontrato il favore del grande pubblico ma non quello degli accademici, compreso il *Wozzeck* di Berg: «Lo sai che Schönberg rimproverò il povero Alban Berg perché l'opera era piaciuta al pubblico e questo sarebbe la riprova del suo scarso valore? O almeno così si racconta». E lei, serafica: «Se è vero, allora questo Schönberg era uno scemo».

Con estrema disinvoltura aveva pronunciato verso il vate della dodecafonia quella che all'epoca suonava come una bestemmia. Solo anni dopo ho saputo che Arnold Schönberg intorno al 1940 viveva a Beverly Hills con la figlia ed era vicino di casa di Shirley Temple. E che quando i turisti passavano davanti alle loro finestre, chiamavano col megafono e applaudivano l'ex bambina diva di Hollywood. Il venerato maestro ne era invidioso, e piangeva. Nientedimeno! Il severo guru capace di far sentire in colpa Alban Berg per il riconoscimento che il pubblico gli decretava, se ne stava lì a piagnucolare davanti alla figlia: «Io che ho scritto *Erwartung*!». Forse aveva una qualche ragione Richard Strauss, che di lui disse impietoso: «Avrebbe fatto meglio a fare lo spalaneve».

Un giorno un ammiratore della Morante si accostò al nostro tavolo, da Rosati, a piazza del Popolo, e le chiese un autografo. Ma commise un errore; le disse: «Per me lei è la più grande poetessa vivente».

Elsa si offese: «Io non sono una poetessa, sono una poeta. Le poetesse esistono. Poetessa è il femminile di poetesso. E anche i poetessi esistono, ce ne sono tanti».

Dopo un silenzio imbarazzato, riprendemmo il discorso interrotto. Ma noi amici che l'accompagnavamo eravamo raggelati, a disagio, mentre lei era sorridente. Meravigliosamente sorridente.

Quando ragionando in termini musicali penso alle cosiddette quote rosa, la mia mente va certamente a Clara Wieck, a Germaine Tailleferre o a Carla Bley. Ma non soltanto. Immagino la moltitudine di potenziali musiciste che avrebbero potuto lasciarci testimonianza delle loro bellezze artistiche attraverso le proprie partiture. Alcune le avranno pure scritte, e noi non le avremo mai. Altre non saranno mai arrivate a scriverle, forse neppure a pensarle. E la forza d'arte delle donne me la figuro nascosta dietro certe facce di anziane contadine, dietro la maestà di personaggi femminili che vedevo da bambino; donne di solenne eleganza rustica che, a dispetto dell'analfabetismo a cui erano condannate e della sensualità repressa, erano capaci di sensibilità acutissime, di intuizioni pratiche, di sentimenti spiazzanti, di battute folgoranti, di innato, commovente senso estetico. E se la società avesse aperto loro le porte, o meglio, se non gliele avesse chiuse a doppia mandata, avrebbero saputo esprimere artisticamente quelle virtù al loro prossimo – ai contemporanei o a noi posteri – attraverso l'invenzione melodica, contrappuntistica, armonica, ritmica...

Pensando ai pentagrammi mai riempiti, alle commozioni represse, ai potenziali stilemi creativi sepolti nelle tombe di tante femmine del passato, penso tristemente al danno irreparabile che ha fatto a tutti noi, nei secoli, la misoginia.

Clara Wieck, l'amata di Roberto,
scrisse un inarrivabile concerto
fra i più grandi che io abbia mai sentito
più bello del concerto del marito.
«Ma Clara chi? La moglie di Roberto?»

La vita cantabile

Per presentare il mio disco di canzoni *Cantabile*, il 31 marzo 2013 pubblicai su *Il Sole 24 ore* un articolo che il quotidiano stesso scelse di intitolare «Affranti su una rotonda sul mare».

> La canzone è una forma di composizione dalle apparenze semplici, ma è ben complesso analizzarne la natura, definirne l'essenza e tentarne una storia critica. Vorrei qui solo avanzare qualche considerazione, qualche nota a margine.
> Le canzoni vivono nell'aria, vengono respirate anche da chi non ci fa attenzione. E quasi ognuno di noi ha un episodio importante della propria vita legato a un refrain, a un titolo, a un disco a cui associa una persona cara, un clima di famiglia, un amore infantile: da una *Marinella* a un'*Albachiara*, da un *Piccolo grande amore* a una *Casetta in Canadà*. Le canzoni attraversano sornionamente la vita dei nostri giorni, delle nostre città, delle nostre intimità, ne scandiscono i passaggi. In un certo senso, se ne infischiano della critica.
> Nel nostro tempo tentare delle definizioni definitive dei generi musicali è faticoso, e spesso frustrante. Nel secolo

scorso fu introdotto il termine «musica leggera», difficile da definire, ma pratico da usare per indicare le canzoni commerciali. Ultimamente, sulle colonne di questo giornale, l'illuminante professore Quirino Principe ha proposto il termine «musica forte» per indicare quella che un tempo, superficialmente, chiamavamo «classica» per distinguerla da quella che oggi è chiamata correntemente «pop» – altro termine vago ma utile – e che quindi ora, seguendo il Principe, chiameremo «musica debole». Fino a poco tempo fa, in molte riviste generaliste c'era la rubrica di critica musicale ripartita in: classica, leggera, jazz. Ripartizione risalente a quando la nostra società era suddivisa in ceti sociali ben individuabili: classi colte altoborghesi per la classica, il cosiddetto popolino per la leggera, lasciando a uno strato piccoloborghese l'opera, intesa come melodramma italiano ottocentesco; e, per le minoranze sofisticate, il jazz. Oggi, con l'avanzata della società di massa, le carte si sono, nel bene e nel male, sparigliate, gli steccati fra i ceti e fra i generi si sono indeboliti, i ricchi borghesi spesso ignorano chi sia Chopin, e a Sanremo Daniel Harding dirige Wagner.

La canzone comunque viene ancora oggi rubricata come musica «debole» (già «leggera»), però le canzoni di Schumann o di Brahms – in tedesco *lieder* – si mettono scrupolosamente nella teca della musica «forte», già «classica». Magari la questione si complica quando un *lied* di Schubert lo canta Al Bano, anziché Fischer-Dieskau. Un altro termine col quale cerchiamo di intenderci e difenderci dalla confusione lessicale è il termine «musica seria». Ho letto di recente nel programma di sala di un concerto dedicato a Leonard Bernstein: «è autore di musical e canzoni di successo, attività che alterna con quella di compositore serio». Il contrario di «serio» sarebbe, penso, «allegro». Dal che discende che il *Duetto dei gatti* di Rossini sarebbe un brano «serio» mentre le canzoni di Vecchioni sarebbero «allegre». Come si vede, appena si tentano definizioni di generi musicali esse ci sfuggono, e ci salviamo un poco soltanto facendo uso e abuso di virgolette.

A volte, per semplificare, diciamo che, «fuori dalle etichette, la musica si divide soltanto in "bella" e "brutta"»: è una frase che in genere prende l'applauso, ma che lascia i nodi legati, le questioni sospese, i dubbi irrisolti.

La canzone è un genere di musica che non prescinde quasi mai dal suo successo. Molti libri seri sulla musica pop iniziano il capitolo su un artista, su un gruppo, su un album informandoci di quanti milioni di copie ha venduto. È premessa considerata imprescindibile per stabilire il valore di un'opera pop. Sarebbe come se, per compilare una guida gastronomica, ci si facesse guidare dal quoziente di affollamento di un ristorante, dalla quantità di coperti giornalieri, dal consumo turistico, anziché dalla qualità del cibo.

Uno dei complimenti più diffusi che si fa a una canzone del passato è quello di aver «segnato un'epoca». Ben sappiamo però che le epoche vengono segnate sia da avvenimenti gloriosi (lo sbarco sulla luna) sia da avvenimenti tragici (le guerre coloniali), sia da canzoni magnifiche (*Yesterday* di Lennon-McCartney) sia da canzoni mortificanti (*Il pericolo numero uno: la donna* di Bonagura-Cozzoli). Ma il segno che una canzone lascia nel suo tempo è qualcosa che sfugge all'analisi critica, è qualcosa di imprevedibile,

strettamente legato a coincidenze sociali, al costume, alla casualità della moda. Prendiamo la bella e struggente *Perduto amore*, sottotitolo *In cerca di te*, versi di Gian Carlo Testoni e musica di Eros Sciorilli, più nota come *Sola me ne vo per la città*. Ebbe enorme successo, «segnò la sua epoca» come poche altre. Scattò un meccanismo di identificazione popolare con questa piccola, geniale lirica, la quale canta di uno – o una – che cerca di dimenticare il suo dolore d'amore, passando tra le macerie e tra la folla che non sa. Quel successo fu molto legato al clima sociale del dopoguerra italiano, doloroso e speranzoso insieme, al sentimento di fine tragedia e di chimerica fiducia nel futuro. Se fosse stata pubblicata dieci anni prima o dieci anni dopo, chissà se staremmo ancora qui a parlarne.
Conoscevo un professore, un musicologo molto severo, che ascoltava solo Bach e Schönberg, Frescobaldi e Stockhausen, e che giudicava popolaresco Giuseppe Verdi, triviale Mascagni, insignificante Gershwin. Storceva il naso pure su Offenbach. Questo professore però aveva avuto una storia d'amore finita male (per lui), legata a una vacanza indimenticabile (per lui). Per associazioni che non rivelò mai, si commuoveva con gli occhi lustri ogni volta che sentiva poche note di *Una rotonda sul mare* di Bongusto. Potenza associativa di una canzonetta!

Il professor Quirino Principe replicò con un articolo posto a fianco del mio e intitolato «Che pianti con Schumann»:

Leggo con piacere le «note in margine» di Nicola Piovani: molte idee intelligenti, non pochi salutari scossoni capaci di frantumare deprimenti luoghi comuni, ma su alcuni punti, con il permesso di Piovani, non posso tralasciare almeno due osservazioni. C'è qualche equivoco dovuto a fraintendimenti di significato: anzi, se devo essere preciso, magari il significato c'è, ma non ci si intende sul «significato del significato», tema piuttosto insidioso, sul quale esattamente novant'anni fa Cecil Kay Ogden e Ivor Armstrong Richards scrissero *The Meaning of Meaning*, uno dei libri più belli, vivaci, sottili e spiritosi fra quelli scritti dall'epoca di *Bronenosec Potëmkin* in poi.

«Quasi ognuno di noi ha un episodio importante della propria vita legato a un refrain, a un titolo...»: sì, ma questi preziosi frammenti di reminiscenza, che di solito immalinconiscono o feriscono ma ci sono cari, non è detto che siano legati sempre e soltanto a una Marinella o a un'Albachiara o a un problema geografico quale l'ubicazione dei Pirenei o all'eterna dialettica tra papaveri e papere. Se posso citare la mia esperienza (so di non essere l'unico...), il mio primo infelicissimo amore per una compagna di liceo è legato al secondo tempo della *Sonata* op. 35 di Chopin, il mio odio omicida per un sottufficiale durante il mio corso allievi ufficiali correva sulle onde di *Egmont* di Beethoven, e quando 53 anni fa conobbi la mia attuale moglie e me ne innamorai, e per tre anni fui respinto, le mie lacrime fluivano al ritmo del *Manfred* di Schumann (prediletto anche da Carmelo Bene). Quelli erano i miei Piccoli Grandi Amori. Molti giovani d'oggi hanno esperienze emotive simili alle mie, non simili a quelle esemplificate da Piovani. Certo, siamo una minoranza, ed è sempre stato così. Al tempo di Chopin, la maggioranza dei giovanotti e delle fanciulle «bene» a Parigi preferiva i galop e le polke. Ma se siamo democratici...!!!

Attenzione al significato del significato! È vero che il tedesco *Lied* (con l'iniziale maiuscola, sempre! ...e non per leziosaggine estetica, bensì per obbligo di precisione e di esatta comprensione!) può tradursi con l'italiano «canzone». Ma sappiamo che nei lessici di due lingue quasi mai c'è perfetta sovrapposizione semantica. In italiano, «opera» vuol dire cento cose, e c'è la «messa in opera» del condizionatore e le lagnose «opere buone» del catechismo. In inglese, francese, russo, tedesco (con *apòcope*: *Oper*), «opera» vuol dire una sola cosa: *Aida*, *Lohengrin*, *Carmen*... eccetera. Perciò è ovvio che i *Lieder* di Schubert (che non sono canzoni nel senso sanremese e beatliano benché *Lied* significhi anche «canzone») siano musica forte, e i *songs* del professor Vecchioni siano musica debole o debolissima (e, naturalmente, legittima, poiché sfiderei a duello chiunque vietasse a Vecchioni di cantare... nell'attuale era di libertà sfrenata, non si sa mai...). Comunque, a proposito del *Duetto dei gatti* (dello pseudo-Rossini) e del suo termine contrapposto... bravo, Piovani!

All'intervento del professor Principe risposi poi con una lettera:

Egregio professor Principe,
le scrivo per ringraziarla, non solo per l'attenzione che ha voluto dedicare alle mie sommarie noterelle sulla canzone, ma anche per la infallibile precisione con cui ne rimarca i limiti. D'ora in poi scriverò *Lied* sempre con l'iniziale maiuscola e mi ricorderò della sua lezione.
Concordo con lei sul fatto che la potenza evocativa,

associativa non è appannaggio esclusivo delle canzonette. Anche a me è capitato in adolescenza di avere una storiella indimenticata con la complicità galeotta del *Concerto* in mi bemolle di Liszt – un'esecuzione pubblica del maestro Franco Mannino rimasta «per me» insuperabile, come lei può immaginare. I toccanti ricordi riguardanti mio padre sono legati a *Trovatore* e *Cavalleria*, che lui da giovane aveva suonato con la cornetta nella banda di Corchiano. Ma le associazioni emotive sono forti quando sono condivise, e a me, nella condivisione con ragazze e ragazzi, è capitato di imbattermi più spesso in Celentano che nell'adorato Ravel, negli Inti-Illimani più che in Šostakovič; e la dolce memoria di mia madre è associata più al «debole» *Tango del mare* di Oscar Carboni che al «forte» *Tango* di Stravinskij. Nelle belle serate estive che da ragazzo passavo nel paesino paterno campagnolo, dopo cena andavo con gli amici coetanei, fisarmonica in spalla, a fare serenate, o anche semplicemente a intonare coretti in zone silenziose e poco affollate, per non disturbare. Spesso finivamo su panchine naturali di pietra, vicine al cimitero. Ricordo momenti musicali sgangherati e felici, alla luce di una grande luna, con occhi lustri e groppo in gola; ma la colonna sonora non era, né poteva essere, di Benjamin Britten. Tiravamo l'alba con *Ora sei rimasta sola*, *Vecchio scarpone*, *'O surdato 'nnammurato*... A casa invece, da solo, davanti a una fonovaligia, perdevo la testa per l'opera 111 di Beethoven, la *Pavana* di Ravel, la *Jupiter*, lasciandomi guidare dagli scritti del suo predecessore Fedele d'Amico. A casa, da solo.

Le rinnovo la mia grata stima, precisandole che, nel pubblicare le mie marginali considerazioni sui costumi musicali, non c'è nessuna intenzione di giudizio critico. Non mi permetterei mai.

Resto comunque convinto che non sempre per una canzone sia da considerarsi lodevole «aver segnato un'epoca» o una stagione, perché i fatti che segnano una stagione sono, come già detto, tanti e di grado opposto. Si può segnare un'epoca scoprendo il vaccino contro la poliomielite, come fece Sabin, o sganciando la prima bomba atomica della storia sulla popolazione civile, come fece il colonnello Paul W. Tibbets a Hiroshima. Si può segnare un'epoca costruendo una meravigliosa cupola, come fece Brunelleschi, oppure incendiando un luogo di culto, come fece nel IV secolo a.C. il pastore Erostrato di Efeso con il Tempio di Artemide, distruggendo così una delle sette meraviglie del mondo e ottenendo lo scopo di rendere immortale il proprio nome (oggi diremmo: «per avere visibilità»). Si può segnare un'epoca scrivendo *La traviata* come Verdi, o «Marina, Marina, Marina, | ti voglio al più presto sposar» come il minatore Rocco Granata. Insisto su tale concetto, su cui si equivoca spesso in tempi in cui sembra che il più abominevole dei peccati sia l'anonimato.

Verso la fine degli anni Sessanta prese campo la dizione *canzone d'autore*, pure questa difficile da definire. L'inarrivabile *Era de maggio* è stata creata da due autori eccellenti: il poeta Salvatore Di Giacomo e il musicista Mario Pasquale Costa. Ma quando fu composta non esisteva ancora l'attributo *d'autore*: era un'epoca in cui i poeti scrivevano i testi, i musicisti le musiche e i grandi cantanti li interpretavano. La locuzione *d'autore* entra in voga, paradossalmente, quando il poeta, il compositore e il cantante vengono identificati in una sola persona: il cantautore; per cui l'espressione, presa alla lettera, è quanto mai impropria. Ma si sa, i termini delle definizioni musicali sono volatili, e però utili per capirsi. Anche per il cinema risulta difficile definire le opere *d'autore*. Quando giunse sugli schermi, *I soliti ignoti* non rientrava nella teca autoriale, eppure un autore potente ce l'aveva. Era Mario Monicelli, il quale sosteneva, provocando, che tutto il cinema è d'autore, poiché tutti i film hanno un regista-autore, a volte geniale, a volte no. Sollecitato a precisare la differenza tra film d'autore e no, Monicelli continuava a provocare e rispondeva: «Il cinema che non è d'autore è quello in cui l'autore c'è, ma non la fa tanto lunga». In realtà, negli anni Settanta-Ottanta e oltre, il cinema d'autore è divenuto anche un genere riconoscibile: quasi mai comico, con una trama esile, un'abbondanza di connotati stilistici esibiti e un abuso di carrelli, dialoghi lenti e piani sequenza spesso gratuiti. Agli esordi della mia attività ho scritto musica per tanti film rubricati come *d'autore*, alcuni sensazionali, come *Salto nel vuoto* di Bellocchio, altri fallimentari. E so bene che pure la colonna sonora di quei film aveva stilemi che si ripetevano come precetti: musica poca, rarefatta, di rado allegra e montata secondo un'antiretorica che talora rischiava di diventare di maniera. Quando Monicelli mi fece lavorare per la prima volta in una commedia, *Il marchese del Grillo*, mi disse: «Così ti liberi della fama di musicista mortaccino».

Ho collaborato piacevolmente una volta con un regista di autentico talento ma un po' troppo desideroso di originalità: è scomparso e preferisco tacerne il nome. Nel tracciare i punti in cui avremmo inserito la musica sulla pellicola, mi faceva proposte che non capivo; se annotavo l'intervento all'inizio di una scena, mi fermava e mi diceva: «Dopo, facciamola cominciare un po' dopo. O magari un po' prima».

«Ma perché non all'inizio, che mi pare il momento narrativo più logico?» ribattevo.

«Proprio perché è logico e tutti si aspettano che cominci lì: io allora li frego e parto un po' dopo. O un po' prima, se preferisci.»

Lo assecondavo: il regista è l'autore del film, si prende le sue responsabilità. Posso avere da obiettare, ma trovo giusto aiutarlo a seguire la sua strada. Con dei limiti, però: alcune volte le richieste sono inascoltabili, e allora è meglio prendere le distanze e allontanarsi dal film. «Bisogna attaccare l'asino dove vuole il padrone» mi ha detto un giorno un produttore. Mi è stato facile replicargli che la musica non è un asino.

Canzone d'autore, si diceva: ma chi è l'autore? Qualche anno fa, Vincenzo Cerami e io abbiamo assistito a un episodio che Cerami ha poi riferito nel suo libro *Pensieri così*. Stavamo in fila in un ufficio postale. Nell'aria volava una canzone: chissà da dove veniva e chissà chi la diffondeva. Davanti a noi, due signori di mezza età parlavano della Roma di Bruno Conti e di lavoro: dall'abbigliamento e da quel che dicevano, avevamo intuito che fossero dei carrozzieri. In una pausa della loro chiacchierata, si erano soffermati ad ascoltare: la bella canzone che si aggirava tra gli sportelli e la gente in coda era *Una carezza in un pugno*.

«Senti com'è bella 'sta canzone de Celentano!» aveva commentato uno dei presunti carrozzieri.

E l'altro, con tono da esperto: «Non è de Celentano: è de Marzullo!».

In quel periodo, infatti, *Una carezza in un pugno* faceva da sigla alla trasmissione televisiva di Gigi Marzullo *½notte e dintorni*, ma naturalmente non era né di Marzullo né di Celentano, bensì dei quattro autori che la firmano: Luciano Beretta, Miki Del Prete, Nando de Luca e Gino Santercole. L'episodio rivela come, per il pubblico, l'autore sia poca cosa; chi ha scritto e inventato l'opera passa in secondo piano rispetto a chi la propone, a chi la esegue, e l'esecutore ne diventa l'autore. Non senza qualche piccola legittimità: non si può negare che Celentano, per esempio, col suo timbro e col suo modo di fraseggiare, sia qualcosa di più che un semplice esecutore, così come Édith Piaf. Nel jazz il processo di identificazione dell'esecutore con l'autore è più che legittimo: spesso lo standard di partenza, di cui è artefice magari Gershwin, è tenuto meno in conto dell'elaborazione che ne può fare Bollani o Mulligan. Ma nella società di massa questa confusione di ruoli è dilagata, arrivando a toccare perfino le romanze liriche. Durante un telequiz della Bbc – l'episodio è noto – fu chiesto: «Chi è l'autore dell'aria *Nessun dorma*? Verdi, Puccini o Pavarotti?». Provate a indovinare quale fu la risposta del concorrente. Pavarotti, ovviamente.

È costume di pensiero diffuso: chi canta è autore di ciò che canta. Pavarotti è autore di *Nessun dorma* – detta anche *Vincerò, vincerò* – e Celentano è autore di *Azzurro*, che invece risulta essere di Paolo Conte, Michele Virano e Vito Pallavicini, proprio come *Insieme a te non ci sto più*, portata al successo da Caterina Caselli. Ritengo che una delle più belle canzoni italiane della seconda metà del Novecento sia la poco nota *Quella cosa in Lombardia*, testo di Franco Fortini, musica dello squisito Fiorenzo Carpi: tante volte è stata attribuita, in rete e non solo, a Enzo Jannacci. E allora, a ogni enciclopedia che esce vado a controllare a chi viene assegnata la paternità di questo gioiello; ma ho dovuto amaramente constatare che da un po' non viene più neanche citata fra le canzoni che contano. Una lacuna che ho riscontrato anche in enciclopedie che non si fanno mancare niente, nemmeno *Non andare col tamburo* di Pallavicini-Leoni, cavallo di battaglia di Remo Germani.

Al pubblico del pop piace pensare che colui che interpreta, colui che dice il messaggio, sia colui che l'ha scritto. Osservando qualche concerto rock, dal vivo o in Dvd, mi sono trovato a pensare che tali raduni sono in parte sostitutivi dei vecchi comizi in cui il leader che parlava dal palco dava la linea, e veniva ammirato non per i contenuti che esprimeva, ma perché incarnava il profeta di quei valori, già precedentemente condivisi dagli astanti. Non a caso oggi, per il primo maggio, nella romana piazza di San Giovanni – la stessa dove un tempo declamavano e incitavano Togliatti, Lama e Berlinguer – si osannano le star del pop, rock, rap; le quali, oltre a cantare, lanciano messaggi politici, sociali, di costume, declamando e incitando anch'essi: danno insomma la linea, che viene fischiata se non è condivisa dagli spettatori. E comunque risultano autori, non solo interpreti di quel che esprimono.

Anche nella prosa, in passato, correva il vezzo di dire «L'*Amleto* di Gassman» o «*La tempesta* di Strehler». Con la stessa approssimazione diciamo che *My Way* è una delle più belle canzoni di Frank Sinatra. Già, ma chi è l'autore di *My Way*? Le cronache raccontano di un pezzo francese di Claude François intitolato *Comme d'habitude* (1967), divenuto subito famoso e tradotto, più o meno liberamente, in diverse lingue, tra cui l'italiano (nella versione di Andrea Lo Vecchio *Come sempre*, per l'esecuzione dello stesso Claude François), il tedesco (*So leb dein Leben*) e lo spagnolo (*A mi manera*); è stato cantato da Bobby Solo (*La mia strada*), Patty Pravo (*A modo mio*) e Fred Bongusto (*La mia via*). Ma il grande successo si deve a Paul Anka, che alla fine degli anni Sessanta ascoltò il brano in Francia, se ne invaghì, ne comprò i diritti, lo tradusse in inglese con totale libertà e lo propose a Frank Sinatra, il quale sulle prime non voleva saperne, ma si lasciò poi convincere dalla figlia Nancy. La vicenda di questa canzone si fece più rocambolesca quando, l'11 marzo 1978, Claude François fu rinvenuto morto nel suo appartamento di Parigi, fulminato da una scarica elettrica mentre avvitava una lampadina. È la versione ufficiale del suo decesso, che però ha suscitato diversi esercizi di dietrologia: si disse che a fulminarlo fosse stato in realtà un filo scoperto dello scaldabagno, mentre il cantante era nella vasca; poi che a fulminarlo nella vasca fosse stato invece un asciugacapelli. Ma si disse anche che lo avesse fulminato un malizioso vibromassaggiatore elettrico, e non mancò l'ipotesi complottistica che aveva per protagonista uno scià geloso. E siccome era in corso un processo per diritti d'autore intentato da François proprio contro Paul Anka, ci fu chi tirò in ballo lo spionaggio industriale. Come sempre accade, qualche dubbio rimase ad arricchire di interesse romanzesco il lungo viaggio di questa canzone dai tanti autori, a partire dallo stesso François che, a sua volta, l'aveva presa da un brano in finto inglese scritto da Jacques Revaux, *For Me*, sul quale il paroliere Gilles Thibaut aveva poi messo i versi che l'avevano trasformato in *Comme d'habitude*. Ma per molti di noi *My Way* è e resta una canzone *di* Frank Sinatra: potenza dell'interprete.

Nei primissimi anni del mio lavoro mi sono occupato pure di canzoni. Intendo dire di produzioni discografiche, perché delle canzoni teatrali non ho mai smesso di occuparmi: ne ho scritte parecchie per spettacoli di prosa, su testi di Brecht, Pirandello, Molière. Sono pezzi che hanno vissuto insieme con le messinscene dentro cui alloggiavano: nascita, tournée, applausi e archiviazione. Le canzoni discografiche invece sono altra cosa, sono composizioni che andranno a formare un album, il quale sarà messo in vendita con l'ansia dei produttori che sperano di venderne più copie possibile, e con l'aspirazione degli autori ed editori di farne degli *evergreen*.

Ho cominciato a muovermi nell'ambito discografico come arrangiatore: il primo Lp, risalente al 1970, è stato *La bassa landa*, di Duilio Del Prete, grande amico cantautore politicamente impegnato, come del resto tutti gli aspiranti artisti che conoscevo. L'impegno era infatti la regola: canzoni impegnate, cinema impegnato, teatro impegnato. E fu per questo che vissi come un enorme peso un episodio che mi accadde a quei tempi, mentre mi procuravo da vivere suonando la sera nei locali. Avevo recuperato un ingaggio in una sala di via della Vite, sotto *Le grotte del Piccione*, glorioso ristorante degli anni della Dolce vita. Mi aveva scritturato una compagnia che si era scelta spudoratamente il nome Compagnia del Disimpegno: una bestemmia per le mie orecchie di allora, ma dovevo guadagnarmi la paga. Fra gli attori c'era il debuttante Lino Banfi. Correva l'anno 1969 e lo spettacolo era elegantemente intitolato *Che ne pensate del sessantanove?* I miei colleghi di università venivano a trovarmi con l'aria di dire: «Coraggio!», ma quell'esperienza mi permetteva di pagare l'affitto e di studiare partiture per l'intera giornata. E mi fece anche qualche bel regalo: in quel locale ho conosciuto e ammirato Fiorenzo Fiorentini, artista di tradizione romana di eccelsa statura. E sempre lì mi è capitato di eseguire al pianoforte con Vittorio De Sica *Parlami d'amore Mariù*. De Sica era fra il pubblico, fu invitato a salire sulla pedana. Disse due parole di cortesia, poi gli spettatori virulenti lo obbligarono a cantare. Mi si rivolse con un sorriso rassegnato, e con una posa da *chansonnier*, quasi fossimo in un film, disse: «Maestro, prego».

E io: «In che tonalità?».

«Faccia lei.»

Mi tremavano le mani. Per tre minuti mi sintonizzai sul canto di De Sica, l'autore di *Ladri di biciclette*. E in quei tre minuti ci guardammo cercando di andare a tempo, proprio come tutti quelli che fanno musica insieme. Io e l'autore di *Sciuscià*! Al finale, quando De Sica con un soffio del suo magico fiato simulò l'acuto che non arrivava a prendere unendovi un gesto della mano, faticai a restare impassibile: piangevo dentro. Mi basta questo ricordo per essere grato all'impresario Carlo Molfese di avermi ingaggiato nella sua Compagnia del Disimpegno.

Tornando invece all'Impegno, il disco di Del Prete che vide il mio debutto come arrangiatore capitò per caso fra le mani di Fabrizio De André, il quale pensò di propormi di lavorare per lui. Intendeva mettere in musica l'*Antologia di Spoon River*, ma non aveva scritto nemmeno una nota definitiva. Dopo pochi giorni di collaborazione, mi chiese di partecipare all'opera anche come autore, e naturalmente ne fui ben contento.

In via Sebastiano Veniero, nel quartiere Trionfale dove abitavo da bambino, c'era il convento delle Suore di Carità dell'Immacolata Concezione d'Ivrea. La mattina presto, le monachelle tiravano le corde del campanile per segnare l'inizio della giornata: le campane, che sono anch'esse strumenti musicali, hanno scandito per secoli le tappe quotidiane delle comunità. La leggenda narrava che quel campanile, che dava sul viale Vaticano, affacciasse sugli alloggi dell'austero papa Pacelli, il quale, svegliato la mattina dallo scampanio del piccolo convento, decise di regalare alle suore tre campane di grande valore, dal suono bello e squillante. Era un gesto assai generoso, ma forse non si trattava solo di generosità; Pio XII era un papa aristocratico, e in fondo quel campanile era la sua personale radiosveglia: non poteva avere campane ordinarie. Le monachelle tiravano le corde facendo riecheggiare per le strade un suono incantevole, tanto che la gente aveva preso a favoleggiare che le campane delle Suore d'Ivrea fossero d'argento. Emettevano tre note, un intervallo di seconda minore ascendente seguito da un intervallo di seconda maggiore, probabilmente mi-fa-sol. Tre note che si spandevano fin dentro casa in tutte le combinazioni ritmiche possibili, accompagnando la mia crescita. Quelle sequenze mi erano rimaste ben impresse, e mi risalirono nella memoria mentre lavoravo al secondo album con Fabrizio De André, *Storia di un impiegato*: cercavo un riff, una frase musicale corta, semplice, facile da ricordare, senza sviluppo melodico, che si ripetesse ossessivamente, scandendo la vita grigia e l'avventura del travet protagonista dell'opera. Quella combinazione di mi-fa-sol, reminiscenza delle campane dell'infanzia, segue tutta la vicenda del disco e fa da introduzione a *Il bombarolo*, canzone che ebbe un particolare successo e fu rigorosamente vietata dalla Radio Nazionale perché considerata troppo rivoluzionaria. Erano i tempi in cui gli Lp censurati dalla Rai venivano resi inutilizzabili sfregiando con una lama affilata i solchi vietati: ne ho visti parecchi di quei dischi cicatrizzati nel breve periodo in cui ho lavorato come assistente musicale nella sede radiofonica di via Asiago. Tale sorte toccava a quasi tutti i brani di De André, figurarsi a *Il bombarolo*, pezzo in odore di simpatie per i terroristi. Mi viene da sorridere al pensiero che la musica di quell'opera *sovversiva* traesse ispirazione dalle campane delle Suore di Carità dell'Immacolata Concezione d'Ivrea di via Sebastiano Veniero.

Nella composizione delle canzoni ho fatto anche qualche esperienza come paroliere. Per il disco *Cantabile* ho scritto per intero il testo di due pezzi. Uno di questi, *Il merlo innamorato*, l'ho composto vagheggiando su quei brani che ascolti da piccolo, di cui non capisci bene le parole ma che ti mettono addosso una sorta di languore indefinibile. Le parole delle canzoni si assumono spesso per la loro musicalità prima ancora che per il loro significato. Ci capitava spesso da bambini con i canti religiosi che ci facevano memorizzare. Ricordo *Vergin santa ch'accogli benigna*. Quel *caccògli* era un sintagma misterioso; noi ragazzini lo assumevamo come un errore, e in molti lo correggevamo con un *cattòlin*, sempre indecifrabile ma più vicino alla parola «cattolico» che alla cacca. Per lo stesso procedimento, ho sentito donne che, durante le faccende domestiche, cantavano *La donna è mobile*, dove «mobile» veniva inteso come armadio, comò, e il verso seguente, *muta d'accento*, veniva corretto con un più leggibile *muta d'argento*. L'attore Paolo Rossi mi ha raccontato l'effetto misterioso che gli facevano le canzoni napoletane, in lingua straniera per lui bresciano: *Dicitencello vuje a 'sta cumpagna vosta* per Rossi era *Dietro il cancello buio sta il compagno morto*, ipotetico verso di qualche tradizione socialista. A me accadeva qualcosa di simile con le canzoni spagnole, che tradotte in italiano lasciavano intatto il nome della femmina amata, Carmencita, Manuela, Ramona. Nello scrivere *Il merlo innamorato* ho tentato di riprodurre proprio quella commozione lì: il merlo innamorato della sua Mariòn, rapita dal falco nero tra i grandi falò... In una nebulosa espressiva, la canzone cerca di rievocare il rimpianto per un amore perduto che ci riguarda tutti: «Com'era bella la nostra stagione...». Già, nelle canzoni la stagione più bella è quella che non c'è più. Ma è anche quella in cui ci sentivamo più liberi, affrancati dagli orpelli e dalle catenelle che ci siamo costruiti da soli e sono ormai più robuste di noi. *Il merlo innamorato* è un esercizio di stile, ma al contempo un istintuale sfogo lirico che mi ha coinvolto fin nell'intimità.

Mi sono avvicinato al lavoro sui testi delle canzoni innanzitutto stando a fianco di Vincenzo Cerami come consigliere alla metrica, ma anche grazie a svariate altre esperienze tra cui la commedia musicale *Concha Bonita*, che ho scritto in Francia su libretto di René de Ceccatty e ho poi tradotto insieme con Cerami per la versione italiana. Per chi scrive canzoni, il primo problema da risolvere è la metrica della nostra lingua, una lingua povera di parole tronche, quelle con l'accento sulla sillaba finale che abbondano nel francese. Il paroliere italiano ricorre fatalmente a trucchi inevitabili. Pare che la parola massimamente ricorrente nelle nostre canzoni non sia *cuore* né *amore*, bensì *più*. La tronca *più* torna utile in tante occasioni: lo spiega bene Stefano Bartezzaghi, studioso ineguagliabile nel fare la Tac alla lingua italiana e ai vezzi suoi. Il colore preferito è il blu (altra tronca), dal *Blu dipinto di blu* in giù, compreso lo *Scettico blues* che la censura fascista mutò in *Scettico blu*. L'amore e il dolore nel canto si troncavano spesso in *amor* e *dolor*. Furono di sicuro esigenze metriche quelle che fecero dedicare una canzone ai *Pompieri di Viggiù* (tronca anche questa) anziché a quelli di Gallarate. Nella *Bohème*, Musetta canta «Quando men vo» e non «Quando men vado», ovviamente per esigenze della metrica musicale sempre avida di tronche. Secondo Mosco Carner, a Puccini venne in mente quest'aria mentre era a caccia sull'amato lago di Massaciuccoli, nella barca dolcemente cullata dalle onde; intenzionato ad adattare il motivo al valzer di Musetta, inviò come traccia al librettista Giuseppe Giacosa i versi provvisori «Coccoricò, coccoricò bistecca...» su cui costruire quelli definitivi: «Quando men vo, quando men vo soletta...».

I musicisti forniscono spesso ai parolieri uno schema metrico fatto di numeri:

7, 100, 39
7, 100, 39...
(«Mentre il mondo cade a pezzi
io compongo nuovi spazi...»)

Oppure:

10, 40
207...
(«Voglio una vita
spericolata...»)

E ancora:

3, 33, 18...
(«Là ci darem la mano...»)

Ricordo il lungo lavoro svolto nel 1989 con Gigi Magni nella stesura delle canzoni per *I sette re di Roma*, una commedia musicale diretta da Pietro Garinei con protagonista Gigi Proietti.

Magni aveva in antipatia la tecnica dei numeri, e un giorno mi aveva detto: «Scusa, non puoi mandarmi tu un testo provvisorio invece de 'ste tabelline?».

«E con quali parole?» avevo chiesto io.

«Quelle che ti pare, scrivi a *nonsense*, sempre meglio dei numeri. Anzi, fa' così: scrivi tutti versi di parolacce, ché almeno me diverto un po'.»

E mi sono divertito anch'io. Da qualche parte saranno conservati i fogli con gli appunti di Magni, in cui le canzoni di quella commedia musicale, a volte molto sentimentali, sono forgiate su un testo cantabile fatto di solo turpiloquio. La lirica notturna *Aspetta, sole, non uscire ancora* è ricalcata su «*Mortacci de 'sto fijo de 'na mignotta*» e altri versi ancora più irriferibili.

Oggi si continua a ricorrere a trucchi diversi per assecondare le tronche delle linee melodiche, e la vita del paroliere è sempre dura. Una delle meraviglie della canzone *Generale* di Francesco De Gregori deriva anche dal fatto che la bella linea musicale è composta di finali tutte metricamente piane:

Generale, dietro la collina
ci sta la notte crucca e assassina
e in mezzo al prato c'è una contadina
curva sul tramonto, sembra una bambina
di cinquant'anni e di cinque figli
venuti al mondo come conigli
partiti al mondo come soldati
e non ancora tornati.

Neanche una tronca, che bellezza!

Quando con Roberto Benigni e Vincenzo Cerami abbiamo scritto *Quanto t'ho amato* – nata, lo abbiamo già detto, come una semiparodia di una canzone d'amore – siamo partiti dal verso «Quanto t'amo» portato a «Quanto t'ho amato» per ragioni metriche (ma non soltanto). Benigni aveva seguitato col verso quasi comico: «e non lo sai perché non te l'ho detto mai». Avevo composto solo la musica del refrain e l'avevo fatta ascoltare a Roberto eseguendola con la fisarmonica, perché dove stavamo non c'era un pianoforte. Qualche giorno dopo era arrivato Cerami con i versi delle due strofe scritti per intero, versi che mi sembrano stupendi:

Se tu m'avessi chiesto come stai
se tu m'avessi chiesto m'hai pensato
t'avrei risposto: bene, certo, sai...
Ti parlo però senza fiato...

E allora la canzone aveva preso un taglio decisamente serio, importante. Mi ero impegnato a scrivere la strofa piegando la musica ai versi, facendomi dettare la metrica dalle parole originali, che ho rispettato al millesimo. Poi, per chiudere il refrain, avevo proposto due versi che avevano un risvolto umoristico: «Nell'amor le parole non contano, | conta la musica». Li avevo scritti con una recondita intenzione corporativa, una rivalsa del musicista contro i parolieri; i quali avevano sportivamente accettato l'allusione.

Il mio maestro Manos Hadjidakis – autore, fra l'altro, della celebre canzone *I ragazzi del Pireo*, scritta per il film di Jules Dassin *Mai di domenica* e premiata con l'Oscar nel 1960 – mi diceva: «È difficile scrivere bene una canzone, come faceva Schubert. È una forma in cui si fa presto a cadere nella banalità. Meglio esercitarsi prima con partiture sinfoniche, cameristiche, polifoniche; poi, se sei pronto, approdi alla bella spiaggia della semplicità espressiva».

Hadjidakis è sepolto nel cimitero di Paiania, poco fuori Atene, e per la sua lapide ha scelto questa inscrizione: «La mia festa finisce qui | ma resta incantato il mondo | il cuore e la mente. | La strada verso il cielo | è sempre aperta con una canzone».

La ninna nanna fa dormire il pupo
e gli allontana il panico del lupo.
È la mamma che canta e incanta il cuore
la voce del papà non dà calore.
La ninna nanna fa godere il pupo.

Tu, musica divina
ovvero Dio e la Lesaphon Perla

Devo molto ad Angelo Arpa, il gesuita che Federico Fellini mi aveva fatto conoscere e che per un po' ho amichevolmente frequentato. Discorrendo con lui di cinema, musica, politica e metafisica, un giorno avevo chiesto: «Ma non mi domandi mai qual è il mio rapporto con la religione?». E padre Arpa, serenamente, aveva risposto: «Tu frequenti la musica, la componi, sei in contatto con la spiritualità ad alto livello, non hai tanto bisogno di religioni storicizzate e liturgie sacre».

Avevo ruminato a lungo le sue parole, e mi erano tornate alla mente certe memorie dell'adolescenza. C'era un compagno del ginnasio con cui discutevo di tanti argomenti: calcio, ragazze, comunismo, utilità del latino; e talora, fatalmente, tra i discorsi veniva fuori l'esistenza di Dio, un tema che non passa mai di moda. Un giorno, davanti alla fonovaligia Lesaphon Perla con cui avevamo appena ascoltato la *Ciaccona* di Bach, gli avevo detto: «Vedi, Giuseppe, senza ricorrere a sillogismi e paroloni che spesso lasciano il tempo che trovano: ascoltando questi suoni, io sento dentro di me la prova inconfutabile dell'esistenza di Dio!». Al ginnasio parlavamo così, e scrivevamo poesie ancora più naïf e pretenziose. Con tono pratico, lui aveva obiettato: «Ma ti sembra che Dio, che eventualmente è onnipotente, per presentarsi a te passa per una Lesaphon Perla?».

La risposta mi aveva steso. Quello del mio compagno non era un grande ragionamento, ma mi colpì a secco, in contropiede, e per un po' mi tappò la bocca in materia. Giunsi poi all'età giovanile, quella in cui le domande cosmiche vengono accantonate per poter diventare adulti, e sarebbero passati anni prima che ricominciassi a occuparmi di quei quesiti rimossi, di quegli interrogativi irrisolti.

L'argomento «religione», pur nell'ambiente fortemente laico che frequento, si nutre del dubbio costante sia dei credenti sia degli atei, e per me ha molto a che fare con l'educazione ricevuta nell'infanzia. Sono cresciuto in una famiglia tutt'altro che miscredente. Mia madre era una popolana timorata di Dio. Mio padre veniva da una cultura contadina, praticante soltanto per Natale, Pasqua, matrimoni, battesimi, cresime e prime comunioni. Era pure un buon bestemmiatore, che però si faceva il segno della croce quando passava davanti al camposanto del paese, dove ora è sepolto insieme con mia madre. E adesso anch'io, quando passo davanti a quel piccolo cimitero, mi segno.

La mia infanzia era intrisa di cattolicesimo spicciolo: elementari dalle suore, catechismo, prima comunione in frac bianco, biliardino in parrocchia, rametto d'ulivo la Domenica delle Palme, uova sode alla colazione pasquale. Poi le medie dai preti, dove mi appassionavo a organizzare recite e concertini natalizi di stampo occasionalmente religioso e a suonare l'armonium nella cappella. Ricordo bene una scritta sulla lavagna: «Domenica prossima messa obbligatoria per la sezione D». Il sabato c'era la confessione, tutti in fila ad aspettare il turno, poi bisognava restare senza peccato fino all'indomani mattina, per poter prendere l'eucaristia. Ci faceva paura, perché, se peccavamo sabato notte, sarebbe stato sacrilego comunicarsi la domenica. Per questo tanti ragazzi, prima della confessione pomeridiana, si masturbavano ripetutamente, per facilitarsi l'astinenza notturna. Nella nostra lingua, il termine «peccato» è rimasto indissolubilmente legato alla trasgressione sessuale. Se diciamo «donna peccaminosa» non pensiamo a una donna che disonora il padre e la madre; e se diciamo «la casa del peccato» non pensiamo certo a un luogo in cui si ruba o si desidera la roba d'altri. «Peccato» è una parola che evoca il divertimento, il piacere libidinoso, il libertinaggio erotico delle donne non a caso definite «allegre». Chi pratica la religione cattolica – ma credo anche le altre religioni monoteiste – è spesso ossessionato dal sesso. E quanti sono i bigotti che si dichiarano nemici della libertà sessuale, salvo esercitarla di nascosto.

A casa mia, in fondo al corridoio, campeggiava un Sacro Cuore, malinconico per me bambino; ma in cucina, quando si cuocevano gli spaghetti, perché riuscissero veramente al dente, si assaggiavano e si diceva: «Un'*Ave Maria* e si possono scolare»; la preghiera in questo caso fungeva da unità di misura per la cottura della pasta. Per dire che una cosa si sarebbe consumata presto si diceva: «Questa dura da Natale a Santo Stefano». Più tardi si disse: «Questa dura quanto papa Luciani».

Le processioni religiose del paese di mio padre, con la gente vestita a festa e la banda sfanfareggiante dietro la statua della Madonna, mi mettevano tanta allegria. In quell'occasione, fra quelli che faticosamente reggevano il sacro fercolo, ci poteva scappare la bestemmia, come semplice intercalare abitudinario nel viterbese. Del resto, durante le partite di calcio, parecchi giocatori entrando in campo si fanno il triplo segno della croce col bacetto finale sulle dita; poi, se sbagliano un gol facile, dal labiale si vede chiaramente che esce spontanea la bestemmiola. Perché anche il calcio è pervaso di forti tracce di catechismo, mediterraneo e latino-americano.

Dopo le elementari dalle suore e le medie dai preti, ho frequentato il laico liceo Mamiani, con alcuni professori marxisti, altri anticlericali e nessun baciapile, neanche l'insegnante di Religione. Lì ho incontrato un giovane supplente, Dino Villatico, oggi valente critico musicale della *Repubblica*. Aveva la meritoria abitudine di portare in classe il giradischi, una fonovaligia più moderna ed efficiente della datata Lesaphon Perla di mio fratello: a quei tempi era un gesto didattico non ordinario, guardato con diffidenza dai professori anziani. Ho ascoltato per la prima volta il *Don Giovanni* di Mozart grazie alle progressiste lezioni di Villatico, il quale, notata la mia passione, in occasione di un compleanno mi regalò un *extended play* del *Concerto per violino* di Bach: gli sono ancora grato per queste tappe memorabili della mia formazione di ascoltatore.

Subito dopo mi ero iscritto alla facoltà di Filosofia dell'università La Sapienza. Le abitudini bigotte le avevo già perse e le somme domande metafisiche le avevo del tutto accantonate, intriso com'ero di materialismo, lotta politica e cultura antivaticana. Nei cortei si cantava, male e urlando, in uno stile ancor meno raffinato di quello dello stadio, e anche con meno ironia. Ma con disinteressato, idealistico entusiasmo.

Qualche anno dopo, però, ho cominciato ad appassionarmi alle grandi manifestazioni religiose – le processioni del Venerdì Santo in Campania, Sant'Agata a Catania, Santa Rosa a Viterbo. E mi sono interessato anche dei rituali sacri di paesi lontani, asiatici, africani. In molte di queste sacre rappresentazioni, irrazionali e pagane insieme nella loro magnifica teatralità, qualcosa mi attrae fortemente, un po' anche per via della funzione musicale popolare che le accompagna, sempre molto creativa.

In età più matura, sono stato sedotto dalla religiosità del Mistero. La scintilla mi è scattata leggendo gli ingenui scritti filosofici di Albert Einstein. Contengono un che di infantile dalle apparenze semplicistiche, qualcosa che avrebbe dovuto farmi solo tenerezza. Invece non è così: le scintille scoccano quando e dove decidono loro. E adesso mi appassiona la lettura di libri scientifici: quelli divulgativi li capisco poco, ma mi incantano; quelli specialistici non li capisco affatto, purtroppo. Ma più leggo di neutrini, polidimensioni, antimateria e buchi neri, pulsar e doppio pulsar, più mi si consolida il sentimento di religiosa devozione al Mistero, che io scrivo con l'iniziale maiuscola, come Dio. Un amico decisamente ateo mi ha criticato per l'abitudine di scrivere Dio con l'iniziale maiuscola, ma gli ho risposto che lo faccio anche con Giovanardi, figurarsi col Creatore.

Alla Sapienza di Roma, nella facoltà di Filosofia occupata, c'era un assistente un po' meno giovane di me che parlava come un profeta e mi faceva quasi da mentore, da guida ideologica. Dava la linea, insomma. Mi indottrinava sulla lotta di classe, ma anche su temi religiosi.

«Vedi,» diceva «noi siamo cresciuti sotto il peso di un altare di pietra su cui sono scolpite tre lettere cubitali: DIO. Finché staremo sotto questo peso, non riusciremo mai a diventare persone libere. Bisogna sforzarsi, salire su quell'altare con martello e scalpello e demolire le tre lettere. Sennò, non avremo speranza.»

L'ho incontrato parecchi anni dopo, ormai incanutito ma ancora in forma. Mi ha parlato ininterrottamente di sé, di quanto detesti «la sinistra con la puzza sotto il naso»; del fatto che scrive poesie, che partecipa come sceneggiatore ai dialoghi di una soap opera, che ha vinto un premio in Basilicata; e poi della stronzaggine delle sue donne, dell'acutezza delle sue idee; di come lui non stia nel gregge e sia un'autentica stecca fuori del coro; aggiungendo inoltre che con l'affitto delle casette lasciategli dal padre se la cava bene, e che sta scrivendo un grande romanzo... Dopodiché, tanti saluti. Una notte l'ho sognato: era salito con una scala sull'altare di pietra di cui sentenziava da ragazzo. Aveva scalpellato e frantumato la lettera D, aveva rimosso i detriti, ma poi aveva interrotto il lavoro. Su quell'altare erano rimaste solo le lettere IO. Due lettere gigantesche, in travertino, che pesavano sulla sua vita quanto e più delle tre precedenti.

Da ragazzo mi avevano fatto studiare la storia del conflitto tra fede e scienza, che è costato il rogo a più di un libero pensatore. Ma quei fatti mi sembravano riferirsi piuttosto a un conflitto tra i poteri reazionari delle chiese e lo spirito progressista di qualunque ricerca scientifica. L'eroico Giordano Bruno era un frate domenicano – quindi un credente – bruciato vivo dalle gerarchie ecclesiastiche. Oggi i nemici dell'eutanasia sembrano avere nostalgia di quei roghi. Io invece non ravviso nessun conflitto tra scienza e fede, perché ho un'altissima fede nella scienza: i ricercatori, gli scienziati, quelli che navigano fra algoritmi e telescopi, fra modelli matematici e microscopi, sono loro i miei sacerdoti, i profeti che mi illuminano sulla via della verità. E mi rasserenano, anche. Alcuni sono atei, altri no, ma mi pare un dettaglio di fronte alla maestà delle loro scoperte, allo sforzo continuo nella ricerca della verità.

Secondo taluni rappresentanti della chiesa, la mancanza di trascendenza impoverisce la vita emotiva. Per altri l'ateo evita di pensare al problema per paura. Ma per me i bigotti non hanno nessuna dimensione trascendentale: i devoti dell'Opus Dei non *trascendono* e non *trasalgono* nulla. E credo che la vita emotiva di chi lotta contro le neoplasie sia più ricca di quella di chi va a sbandierare al Family Day. Certo, ci sono atei che rimuovono le grandi domande, così come ci sono praticanti che praticano proprio per rimozione, per timore di quelle domande. Il panico per la fine della vita è distribuito in parti uguali fra atei e osservanti. È folgorante e terribile l'aforisma di Marcello Marchesi: «In trincea nessuno è ateo».

Viviamo in un mondo dominato da gerarchie cattoliche, musulmane, ebraiche; da cardinali, ayatollah, rabbini. Tutti in ottimi rapporti con i poteri finanziari e militari, tutti in ottimi rapporti con l'oro, che, secondo la bella leggenda dei Nibelunghi, sarebbe all'origine di ogni male. Le volte che ascolto l'*Oro del Reno* di Wagner, rabbrividisco davanti all'eterna potenza di quel mito: l'oro che giace silente in fondo al Reno, i lingotti che dormono nei caveau della Bundesbank.

È capitato che alcuni giornalisti, intervistandomi, iniziassero così il nostro colloquio: «Lei che è profondamente ateo…». Non riuscivo a comprendere da dove venisse questa fama infondata. Poi una mattina ho consultato su Wikipedia la voce «Nicola Piovani», in cui si leggeva: «Si dichiara profondamente ateo». Non che lo consideri un'offesa; semplicemente non è vero, né ho mai fatto una simile affermazione. Non sono praticante, questo sì, non sono osservante stretto delle ritualità liturgiche, anche se a Natale talvolta mi piace andare alla messa di mezzanotte al paesello, a osservare le anime di quella piccola comunità: facce allegre di uomini di buona volontà, con lo stomaco gonfio di pesce, vino e panettone, che si scambiano gli auguri e aspettano la mezzanotte santa mentre il coro amatoriale intona *Adeste Fideles*. Ragionandoci su, ho ricostruito che cosa possa aver ingenerato l'equivoco. Nel 2011 un amico, ateo militante, mi aveva chiesto di sostituirlo come relatore a un convegno che si sarebbe svolto a Genova: lui aveva di meglio da fare. Avevo accettato malgrado non avessi chiaro di che cosa si trattasse: sapevo solo che avrei incontrato il pubblico insieme con Margherita Hack, per la quale ho sempre nutrito una amorosa stima, e di ciò ero onorato. Una volta arrivato a Genova con mio figlio Duccio, che è ricercatore di Fisica e aveva piacere di conoscere la grande scienziata, avevo scoperto che il convegno era intitolato *Sbattezzati e felici* ed era stato organizzato dall'Unione degli atei e agnostici razionalisti. Una locandina e uno striscione annunciavano il tema dell'incontro: «Margherita Hack e Nicola Piovani: una vita senza Dio». Avevo fatto notare al responsabile che quel titolo non mi rappresenta per niente, che io non sono praticante di nessuna religione ma proprio non mi sento di definirmi senza Dio; avevo ottenuto così di far aggiungere con un pennarello un punto interrogativo: «Una vita senza Dio?». La platea era composta di atei attivisti, ma non mancava qualche credente che, con il proprio intervento, provocava qualche sorriso, un po' di scherno e una leggera reazione di intolleranza. La Hack, a un certo punto, ha grandiosamente detto: «Non penso che la scienza debba occuparsi di domande alle quali non può rispondere».

La copertura stampa del convegno genovese ha probabilmente diffuso l'idea che io sia «profondamente ateo», come scrive ogni tanto Wikipedia. Qualche intervistatore continua a chiedermi di precisare la mia posizione, il mio credo, ma non so proprio che cosa replicare. Qualsiasi risposta mi pare restrittiva, le definizioni le sento anguste. «Ah, lei non è ateo, dunque è agnostico?» insiste qualcuno. Allora me la cavo con una battuta: «Secondo me l'agnostico è un mezzo ateo che, a differenza dell'ateo intero, non rischia il fondamentalismo». Il male non è nelle religioni dei profeti, che in genere predicano la pace, la solidarietà, l'amore per i poveri. Il male è nell'integralismo, un virus in agguato a tutte le latitudini, islamiche, ebraiche, cattoliche o calviniste. Ho conosciuto anche fondamentalisti atei intolleranti verso i credenti, e non mi riferisco soltanto agli stalinisti. Sulle religioni altrui inviterei tutti noi al rispetto e alla comprensione reciproca; mi sembra l'unica via per ridurre il rischio di guerre sante. Sarà pur vero che le guerre si fanno il più delle volte per il petrolio o per motivi finanziari (marxisticamente parlando, diremmo per motivi «strutturali»), ma è vero anche che quasi sempre si dichiara guerra col collaborazionismo «sovrastrutturale» dei fondamentalisti.

Da quando ho ripreso a interessarmi con passione ai temi della sacralità della vita, qualche amico dialetticamente mi riporta ai nostri antichi testi marxisti e mi ricorda che «la religione è l'oppio dei popoli». Certo. Ma io non sono intollerante, neanche verso i fumatori di oppio, anzi. Semmai qualcosa da dire ce l'ho contro gli spacciatori che ci si arricchiscono, e torniamo sempre al tema dell'oro.

Il senso ultimo di tutto questo, naturalmente, mi sfugge; so solo che cercare un senso degno nelle giornate che vivo mi sembra un'esigenza spirituale insopprimibile. C'è chi questo senso lo trova nel volontariato, chi nell'arraffare quanti più soldi possibile, chi nel perpetuare il mito funebre di Don Giovanni o quello suicida di Narciso. E io non rinuncio, fra lampi e smarrimenti, alla ricerca della dignità dell'esistenza, alla voglia di non vivere a caso, al rispetto per la vita e per il prossimo, all'interesse per l'*altro* e l'*oltre*, allo sforzo per distinguere tra convenienza e convinzione. Ma talvolta è faticoso.

C'è un modo di procedere del pensiero filisteo riassumibile in questa posizione: «Se non si trova la risposta, è meglio non porsi la domanda». E tale assioma mi sembra il primo gradino di una scala che porta verso il Prozac. Penso che fin quando non si accetta l'idea del Mistero, che è un'idea bella e rispettabile, non si riesce neppure ad abbozzare risposte né domande.

Nel capolavoro di Pasolini *Che cosa sono le nuvole?* il personaggio di Otello-Ninetto Davoli dice a Jago-Totò: «Ma qual è la verità? È quello che penso io di me o quello che pensa la gente?».

E l'altro: «Eh... Cosa senti dentro di te? Concentrati bene... Cosa senti, eh?».

«Sì, sì...» risponde Otello-Ninetto con entusiasmo infantile. «Si sente qualcosa dentro che c'è!»

«Eh, quella è la verità. Ma non bisogna nominarla, perché appena la nomini non c'è più.»

Se ascolti dentro di te, insomma, qualcosa senti, ma appena provi a verbalizzarlo, a ingabbiarlo nel perimetro angusto della logica, svanisce. Come svanisce una musica bella e divina quando un critico vuole spiegarla oggettivamente. Perché per me il divino non *esiste*: il divino *è*. È quello che fa accettare con un po' di serenità la caduta del mito della propria invulnerabilità, che fa crescere il desiderio di stare bene al mondo non solo in modo edonistico. Viviamo in tempi di immani tragedie planetarie, le quali, lo so, ci sono sempre state, gravi come quelle della nostra contemporaneità o forse di più: la differenza è che oggi non esistono più paesi lontani, le immagini degli orrori entrano in casa mentre si cena o si gioca a Ruzzle. Ed è oltremodo difficile rimuoverle, non fare i conti con il lato bestiale della natura umana. Si può anche non credere in Dio, ma come si fa a non credere a Satana di fronte a certe notizie?

Oggi sono tornato a sentire e pensare quello che sentivo e pensavo nei giorni adolescenziali, quando, nelle discussioni da bar sport sui massimi sistemi, al mio amico portavo, come prova del divino, i suoni che uscivano dalla Lesaphon Perla: sento che la musica è una delle testimonianze più irrazionali e convincenti dell'essenza del soprannaturale. Non so dimostrarlo, né so persuadere nessuno, ma come si fa ad ascoltare un movimento dell'opera 110 di Beethoven ragionando da positivista? Io non ce la farei mai, non posso arrivare al fondo di certe partiture sublimi senza ravvisarvi tracce di divinità.

Mi piace anche, di contro, scorgere i segni di un senso alto e divino in fatti quotidiani minimi: l'abbraccio di un amico, un caffè al bar, certe albe sull'autostrada, l'istante in cui si alza il sipario in un teatro, l'erotismo di alcune strade primaverili.

In tante religioni lo sforzo creativo di dare un volto all'invisibile è un momento potente e nobile dell'animo collettivo. Ho provato un forte entusiasmo tutte le volte che ho partecipato a riti popolari: la messa di Pasqua a Betlemme, la Madonna dell'Arco a Napoli, la festa del Ramadan a Istanbul... Mi sembrano tutti affidabili antidoti contro la sacca dell'egocentrismo e del marketing che ci asfissia. Sono manifestazioni bellissime, e lo saranno finché non diventeranno delle dirette televisive. Negli anni Cinquanta in Italia c'erano preti e democristiani che censuravano anche un ingenuo can-can alla televisione, come se le gambe di Delia Scala fossero un'immagine dell'inferno, mentre a me bambino parevano già un'anticipazione del paradiso. Non è il relativismo a far male alla religiosità, ma la sessuofobia.

Chi è davvero cristiano dovrebbe lottare contro le armi, le guerre e la pena di morte, non contro i preservativi e le coppie gay.

Quando, appena nato, ho cominciato a guardare il mondo, non potevo non affidarmi agli unici parametri che avevo a disposizione: lo spazio e il tempo. Quello che non rientrava in queste due coordinate non lo potevo comprendere. Ma le dimensioni esistenti sono molte di più: non me lo dice la fede, me lo dice la scienza. Alla scadenza dei primi nove mesi di vita nel ventre materno, non vorremmo nascere, non vorremmo uscire dalla dimensione nota, amniotica, verso una dimensione ignota, che poi scopriamo essere più ariosa: piangiamo, urliamo, opponiamo una resistenza ostinata e drammatica all'ostetrico, alla luce accecante. Di lì a poco, la musica di una ninna nanna cantata da chi ci ha tenuto in grembo ci aiuterà a entrare in una dimensione vitale di sorriso, oltre che di pianto. E così inizia il nostro rapporto amoroso con la musica. E pure quando si preannuncia la morte puntiamo disperatamente i piedi contro l'ignoto, contro il nostro epilogo esistenziale. Certo, se fossimo rassicurati, se sapessimo di finire in un posto dove si può almeno sentire un giornale radio, ricevere un'email... A me è servito molto leggere gli scritti pseudo-filosofici di Einstein, con il loro candore quasi ginnasiale, per capire che la morte, come la intendiamo e la paventiamo noi, non esiste. L'unica certezza che ho acquisito è che il *nulla* non può esistere, per definizione. Come sempre, sono gli artisti e gli scienziati a farmi accostare alla religione, e sono i cardinali e gli ayatollah a farmene allontanare. Se, da dilettante, leggo i testi di Maxwell,

Schrödinger e Al-Khalili, capisco meno della metà di quello che leggo, ma me li godo per intero, con uno stupore misterico maggiore di quando leggo la Bibbia. Anche le dichiarazioni di felice ateismo di Margherita Hack, quelle che le ho sentito pronunciare standole accanto durante il convegno genovese, hanno contribuito a darmi serenità: il suo bel sorriso combattivo, il suo amore per il dovere e il sapere, il suo occhio consumato su un telescopio per la voglia di capire di più, di varcare le Colonne d'Ercole, mi mettevano addosso una gioia di vivere, una forza morale che non so separare da un sentimento sacro della vita. Non riesco a non sentire una tonalità religiosa nel lavoro di quei ricercatori che indagando su bosoni, ultrasuoni e solitoni incarnano l'eternità del mito di chi vuole superare il limite delle colonne imposte attraverso Ercole dagli dei agli uomini. Quanti Ulisse nostri contemporanei: Peter Higgs, Giorgio Parisi, Nicola Cabibbo, Chiara Daraio, Fabiola Gianotti; e quanti altri Ulisse staranno lavorando nell'anonimato per guadagnare ancora un metro oltre lo stretto di Gibilterra dei nostri confini mentali. E di quel metro guadagnato in conoscenza usufruiremo tutti. Francesco Bacone morì perché studiava in mezzo alla neve l'effetto del congelamento nella conservazione delle carni. E quando noi oggi usufruiamo comodamente dei cibi congelati, lo dobbiamo anche a ricercatori spericolati come lui, che fu stroncato dalla polmonite.

In un articolo scientifico ho letto che l'universo non sarebbe uno: il nostro sarebbe solo uno dei tanti milioni di uni-versi. Non lo dice un teologo, lo dicono ricercatori più che laici, gente che passa la vita a studiare le misteriose stringhe, le quali, se non ho capito male, sarebbero una porzione infinitesimale dei quark e, vibrando, realizzano la materia. Queste stringhe, a quanto pare, vibrano secondo modelli matematici che hanno a che vedere con il tetracordo con cui Pitagora studiava gli armonici musicali: che stupore e che bellezza! Navighiamo nelle galassie, fra ellissi e polveri cosmiche, e in questa realtà – una realtà non di fede, ma di scienza – pretendere di trovare il significato ultimo e il significato primo è come cercare di sapere quale sia la prima goccia di un oceano. Comincio a pensare che quella che chiamiamo Teoria dell'Universo contenga in sé un mezzo ossimoro, e il termine Big Bang a volte mi pare niente più che un sintagma esoterico, scaramantico. Francamente, trovo più risposte in un *Padre nostro* detto a fior di labbra.

Nel 2007 ho scritto una composizione intitolata *Epta*, dedicata al numero 7, in sette movimenti, per un complesso di sette musicisti. Era difficile spiegare nelle interviste che non mi interessava per niente l'aspetto esoterico di quel numero, ma che ero attratto dalle coincidenze fra quel numero e tanti momenti del cammino della nostra civiltà, dai Sette contro Tebe alla danza dei sette veli. È stata una bella occasione per conoscere e collaborare con l'arguto Piergiorgio Odifreddi, che mi è stato ottima guida spirituale nello stendere la partitura e scegliere i testi. Quell'opera ha vinto nel 2009 il premio *Capo d'Orlando* a Vico Equense, a cui tengo molto perché mi è stato assegnato da una giuria di scienziati, e questo stuzzica la mia vanità di umanista provinciale. Il giorno della premiazione ho conosciuto James D. Watson, il premio Nobel scopritore della struttura del Dna, con cui a cena ho potuto scambiare scherzi e lazzi su tanti argomenti e, ovviamente, sul numero 7. Più tardi, ci eravamo ritrovati da soli su una terrazza. C'era un bel cielo sul mare di Vico Equense, e un bicchiere di vino di troppo mi aveva instillato un'euforica disinvoltura: osai porre a Watson una domanda dilettantesca e forse imbarazzante. Col mio becero inglese annaspavo, così chiamai mio figlio Rocco per farmi aiutare: «Chiedigli chi è che, secondo lui, ha scritto questo benedetto Dna». Rocco gli si rivolse con un po' di timidezza, scambiando con lui due battute in quell'inglese strettissimo del quale non afferro neanche una parola, poi mi riferì: «Dice che si è scritto da solo». Seguì un altro piccolo bofonchiamento fra loro, alla fine del quale Rocco mi tradusse la categorica chiosa: «E dice che qualsiasi risposta differente da questa lo infastidisce». Feci al venerando scienziato statunitense un sorriso reverente e rientrai, convinto che al grande Watson non davano fastidio solo determinate risposte, ma anche determinate domande. Ma se le domande innocenti danno fastidio, vuol dire che qualcosa non torna.

In alcuni momenti di smarrimento il senso della vita vacilla. Le mie certezze cosmiche però non vacillano, ma per un solo motivo: perché certezze non ne ho. Il dubbio, il Mistero sono più robusti di tante teorie logiche e conchiuse. E quando un'inquietante nuvola di sgomento si addensa all'orizzonte, può succedere che mi fermi ad ascoltare Maurizio Pollini nell'Adagio della *Sonata Hammerklavier* di Beethoven. Ed ecco che la mente, l'anima e il cuore cominciano a navigare in zone che si staccano da ogni ragione logica, cieli in cui la razionalità risulta angusta, impotente, e un balsamo immateriale immerge l'animo mio in zone che non posso non chiamare divine. A chiunque mi chiedesse conto di tale stato d'animo non saprei che rispondere. Temo la stessa obiezione adolescenziale del mio amico Giuseppe: «Ma ti sembra che Dio, che eventualmente è onnipotente, per presentarsi a te passa per un iPad?». E allora taccio, evito di razionalizzare e penso alla frase di Tom Stoppard: «Non pretendo di comprendere l'universo: è un bel po' più grande di me». E soprattutto, del mio cervello. Forse è vero che il cervello, dei nostri organi, è il più sopravvalutato.

Nel 1993 ero a Buenos Aires per lavorare al film *De eso no se habla*, con Marcello Mastroianni che impersonava un italiano emigrato in Argentina. In una scena il personaggio cantava *Caminito*, il celebre tango composto nel 1926 da Juan de Dios Filiberto e Gabino Coria Peñaloz. La colonna di presa diretta di quell'esecuzione era sporca e piena di rumori, di brusii, e si prestava poco a essere pubblicata su disco. Così, al momento di assemblare i brani per il Cd, chiamai Mastroianni e gli chiesi se avesse voglia di registrarla di nuovo, in studio, con una presa di suono migliore.

«Maestro, e come no?»

Mi chiamava maestro, un po' scherzando e un po' mettendo dentro il titolo quel senso artigianale che a me piace tanto: è l'appellativo con cui ci si rivolge a un capobottega, un falegname, un carpentiere. E quando, già da giovane, mi chiamavano così, vedevo con simpatia questa parola che non collego certo al Maestro profeta con la maiuscola, al filosofo, a chi insegna il Verbo, ma all'artigiano che dirige un cantiere o che fa suonare le orchestre, sia quelle dei grandi golfi mistici del melodramma sia quelle delle piccole buche del varietà. Mastroianni interpretava particolarmente bene *Caminito*, una canzone che sentiva molto; e si commuoveva nell'eseguirla, commuovendo anche noi che ascoltavamo. Insomma, un nuvoloso pomeriggio romano andammo a piazza Euclide; dentro la sala Forum ci aspettavano pianoforte, leggio e microfoni. La registrazione fu abbastanza rapida, non dico «buona la prima», ma la terza più o meno sì. Suonavo il pianoforte fissando le labbra di Mastroianni, cercando di cogliere al volo il ritmo che sceglieva, di accompagnarlo in punta di piedi, incantato dalla sua leggerezza sincera. Ad ascoltarci c'erano soltanto il fonico e Norma, mia moglie. Ne uscì un'incisione per me gloriosa.

Tornando a casa in macchina, conversavo con Marcello, ma nelle orecchie avevo quel folgorante momento musicale, un pomeriggio della mia vita che rivivo ogni volta che ascolto quella registrazione. La sua voce schiva che intona tenera: «*Desde que se fue* | *triste vivo yo, caminito amigo,* | *yo también me voy.* | *Desde que se fue* | *nunca más volvió,* | *seguiré sus pasos, caminito adiós!*» è per me qualcosa di prezioso, struggente, inarrivabile.

Anche quel giorno la musica mi ha regalato uno scampolo di divinità. Tu, musica divina, cantava ai nostri nonni Alberto Rabagliati.

Indice dei nomi

Indice

Finito di stampare nel mese di gennaio 2014 presso
Grafica Veneta – via Malcanton, 2 – Trebaseleghe (PD)

Printed in Italy